COLOSSAL WORDSEARCH

SERIOUSLY BIG

WARNING!

WORDSEARCH

SIRIUS

SIRIUS

This edition published in 2024 by Sirius Publishing, a division of
Arcturus Publishing Limited,
26/27 Bickels Yard, 151–153 Bermondsey Street,
London SE1 3HA

Copyright © Arcturus Holdings Limited
Puzzles by Puzzle Press

ISBN: 978-1-3988-4268-7
AD006273NT

Printed in China

Contents

TIME

AFTERNOON	HASTE	PRESENT
AGES	HISTORY	RATE
ALARM	IDES	SOON
ANNUAL	INSTANT	SPELL
BEDTIME	INTERVAL	STAY
BIANNUAL	LAST	STINT
CYCLE	LATE	STOP
DAWN	LENT	SUMMER
DECADE	METRONOME	TEMPO
DELAY	MIDDAY	THEN
DURING	MILLENNIUM	TICK
DYNASTY	MILLISECOND	TWILIGHT
EARLY	MONTH	WEEKS
EASTER	NOWADAYS	WHEN
ELAPSE	OLDEN	WINTER
ENDURE	ON THE DOT	YEAR
EQUINOX	ONCE	YESTERDAY
FORTNIGHT	PACE	YORE
FUTURE	PAST	YOUTH

```
C L L B B S Z B R G E S L N Y E L D N U E
F J H D K B L N I R T E W N I C N E W D Q
V E R M I E Y F F A O S R I E M I D D A Y
F M E T R O N O M E N L A U N N A K U E T
O S N G E O L E S S I N S P T N C C H R Z
R Z C E W T N M U E D O U E T U Y I Y E E
T H H N Z A N E R G L W L A A C F A P S N
N V Y D F D A N E A C A S D L W D M E G O
G E R H G B G E M A L D M E E R D I D K O
L I R R T D N T I E Z A W T E N A H A D N
Y D J E E U Y T S A N Y D T O C D T L A R
E E R C H C O R T L S S S C H A I F E W E
K H A S T E I Y T F S E E Z K C D R C N T
Q D L R A T R H I R Y S C B K S K E E W F
E J I A R L G T R N I A L N T A O O E S A
Q C T S V I E R H L L E T D O A T O E E D
B A O Q N R N E L A P S E S D C S E N D U
O G Y T D A E I M N O I A E E R A Y E I Z
N Y R K L E M T D T E M P O H Y L R A E D
X O O A X I B L N T U A F T T G S O S A D
F R T I K D I X N I H I T K N T K T T R E
T E O R C I G T N O D R L I O E J S E T L
A H Y I L I E N I U R X R P S S L I R D A
I W G D V N E D G E Q U I N O X V H Q T Y
J G R I E L E M I T D E B V L Q D O M G A
T U E U L I S H D A S H O L K I W C O C L
W D M I A I N S T A N T E V W H Y L N A S
Q J M V O A W R Q K I P D E T U I N T E N
R A U P K D Q T N E S E R P A C E N H G V
E L S T I N T U M R S I X E W H E N Z S I
A E M E R E T N I W I T A T S H K L I K X
```

CONTAINERS

BASIN

BATH

BOTTLE

BOWL

BOX

CAPSULE

CARRIER BAG

CARTON

CAULDRON

CHURN

CRATE

DECANTER

DEMIJOHN

DISH

DRUM

ENVELOPE

EWER

FOLDER

GLASS

HANDBAG

HATBOX

HOPPER

INKWELL

IN-TRAY

JAM JAR

JUG

KEG

LADLE

LOCKER

LOCKET

MANGER

MATCHBOX

MONEYBOX

MORTAR

NOSEBAG

PANNIER

PERCOLATOR

PHIAL

PITCHER

POUCH

PURSE

RAMEKIN

RECEPTACLE

RUCKSACK

SCUTTLE

SHEATH

TANKARD

TEA CHEST

TEAPOT

TOOLBOX

TRAY

TUMBLER

VALISE

VAULT

VESSEL

WASTEPAPER
BASKET

WATERING CAN

```
S G G I I K O R E W E S X G R B M H W U J
W U A K K E K S N V L N F E B A Q S A H B
J A K G E H H Y V M C G H V M C C I T V N
F B S J P E T N E W A C W A C H A D E D E
H D V T A T O X L K T Y N Z W L P S R S N
C R A T E R Q B O I P G Y S G G S B I N R
U A H A D P L C P J E X D D Z E U A N X U
E M P L E X A Z E R C F L D L W L E G W H
P O U L C R I P N V E S H Y E O E T C G C
T A D N A B H O E Z R M L L Z B L F A R U
C A L J N M P C S R J Z D Y M U Q Z N U E
T V M T T J P A G V B A Y L A U J A B C O
N A B A E E R T E N L A M V D U R L R K L
J Y D A R K O P W U I R S M W R D D A S H
T E A C H E S T W L E X I K H X O B T A H
F U A R V I M X S K W V V X E P W Z R C L
T L M N T M G H C N O T R A C T P D O K I
T W D B I O H O U D F W Q X R G N O M Y D
E O G Y L N L J T Y J V H L E P X D U P J
M B Y B E E R J T B E T R K P V G H N C J
A P X P A Y R N L D A S T B P A A C W M H
T G E U P B K A E B Q S K P O L B Y Y C D
C H A R N O L N B A S I I K H I E N M A X
H R O S C X H O X D R H T N Y S S O M R E
B B E E S O H E C A L E G N B E O E G R B
O M J I J L L E W K N I D R A K N A T I U
X F N I N T R A Y Y Y E P L A J B P I E G
K L M X T N F U T V V T I J O D V S H R T
B E V O G H A T O O L B O X N F Q J Y B S
D O B K X R Y P E R R B V A N I K E M A R
N N X M L A O H K X B C H S X S S A L G U
```

CHEMISTRY

ACETONE	ESTER	OSMIUM
AEROSOL	ETHER	OZONE
ALKALI	FERMENTATION	PEWTER
AMMETER	FLUID	POTASH
ANALYSIS	FREE RADICAL	POTASSIUM
ANODE	FRUCTOSE	PROTEIN
ANTIMONY	GRAPHITE	PRUSSIC ACID
ARGON	GYPSUM	RUST
BAUXITE	HYDRATION	STABILITY
BITUMEN	IONIC	STRONTIUM
BORAX	IRON	SUGAR
BRIMSTONE	ISOMER	TALC
BUNSEN	JOULE	TARTARIC ACID
BUTANE	KELVIN	THALLIUM
CALIFORNIUM	KINETICS	THYMOL
CARBOLIC	LABORATORY	UNSTABLE
CARBON	LEAD	URANIUM
DRY ICE	LIME	WEIGHTS
ENZYME	LITMUS	ZINC

S N C N P Y Y B X H P X J B L E N O Z O E
D R Y I C E B C L Z S R F I N O H Z Z X D
I C O N Q O A I C T U A S R P P M I R Z I
C A H L R R E Q F S Q O T I U I N Y B L C
A S T A B I L I T Y J Z J O E C O U H W A
C C X O B I S Q S E U H L Y P E T E W T C
I A N H G V F R E E R A D I C A L O L L I
S B R I M S T O N E A M B E N C N S S B R
S A W B J X I U I B E T K E S T G O G E A
U U P F O Z V S I M L T A G T C B B G K T
R G G W F L G N T U V G I C U I I N G R R
P O T A S S I U M I D Q B X E T H N H B A
Y T S M R C F C A N I D E Z U T R P Y I T
K V Z N N O I T A R D Y H M A A O P A H K
E S T A R K N N R O X E E Q D P B N A R W
L O S O R E A E O F X N L X D T I L E E G
V G H G S L T H G I E A U B Z I L P I L E
I S P N Y E M C J L P Y O C A I P G E A B
N T U S M T L X N A P Q J V U T H I Q V Y
O B I M B A Z O Y C Q R W M Y T S L E R R
I S A S T R O N T I U M O P S O G N K K O
T C M V C I I G A P S N M T M L X G U E T
A S X I F I L O P M O X Z E E L L R Q G A
T N E R U C T O S R U H R X I I A W C G R
N E T S Y M E E I Y Y P H M S N N K Q A O
E T M I V A Z L N T O E E A I M H C N P B
M S H Y M O L P E I C W T U B K U O C E A
R W Q O Z O R K T A K T M H Z C D S S Z L
E I W X M N N O A K D E O V E E L T P S T
F L U I D W E Y N L T R R J F R E N E Y L
O P G U B T O S M E I R Y K Q R C O B L G

GAME OF THRONES

ANDAL	JOFFREY	STANNIS
ARYA	JON SNOW	STARK
BRAAVOS	KHAL DROGO	STORM'S END
BRAN	LANNISTER	SUNSPEAR
BRIENNE	LITTLEFINGER	TALISA
CASTERLY ROCK	MARGAERY	THE EYRIE
CATELYN	MARTELL	THE NECK
CERSEI	MYRCELLA	THE NORTH
CITY WATCH	NYMERIA	THE REACH
DAENERYS	PYCELLE	THE VALE
DORNE	QYBURN	THE WALL
DOTHRAKI	RAINWOOD	TOMMEN
EDDARD	RAMSAY	TYRION
ESSOS	RED KEEP	TYWIN
FIELD OF FIRE	RHAEGAL	VARYS
GREYJOY	ROOSE	VISERION
HARRENHAL	SAMWELL	WESTEROS
IRON ISLANDS	SANDOR	WILDLING
JAIME	SANSA	YGRITTE

```
N N A H E T R A B E V Q R S Y S S U S K E
P O T T A L C Y A O D D L O I L O O R E N
L I Y O R R K R A Z A C A Y M K R A M A L
D R R A M E R A E D S L E Z R E T K R N Q
H E E F S M A E L R H D C E T S H B W O R
A S A N N M E E N L I A O S M L E D O I O
M I G K Z S A N S H A F E O D K E O N R A
Z V R X E T B R S E A W F I W K Y T S Y O
I L A A B R C Y O S N L E O I N R H N T L
C R M D A M G V S H S S L H D S I R O M E
G S O A A R T Z S M R W F E T L E A J R D
E B V N I E G A E E I S P R C Q E K R A J
T O N T I U N L C L O E A N J R Q I N E N
S T T I E S A E D A E Q K M Q Z Y Y F P T
T E N L A D L L R K D T E H W J L M A S A
H A B X N D I A D Y W F R C O E P K A N Z
E M I A J N D E N L S R K T T P L Y N U C
V O H M G D R A D D E A R A X J H L L S B
A P Y C E L L E F G S E C W N L T Z K K W
L L S X Q A G E N S T L I Y E R R C S E O
E A A A E S U I I S A W G T U J O H D J N
V S B I A Q F N I W Y T R I E R N N S V B
O I C F S E N N R U B Y Q C Y B E P K R E
G L Z C L A N Z T Y Y Z E L T S H P O Y W
O A E T T A Y S A S G E R X M L T P R S L
R T T S L A M S F D A E R R C H Y H E T E
D I O L K C E N E H T N O F B U Q S M P D
L A G E A H R H N S E T D F F T O R F O A
A E B L S O I K A G S S R O L O V A R Y S
H T H E R E A C H Y O J Y E R G J N R D R
K V A O B R I E N N E C M A R T E L L S O
```

PAIRS OF THINGS

BELLOWS	GLOVES	SCISSORS
BOOKENDS	GOGGLES	SECATEURS
BOOTS	HANDS	SHEARS
BRACES	HEADLIGHTS	SHOES
BREECHES	HEADPHONES	SHORTS
CALIPERS	JEANS	SKATES
CASTANETS	KIDNEYS	SLACKS
CHOPSTICKS	KIPPERS	SLIPPERS
CHROMOSOMES	LEGGINGS	SOCKS
COMPASSES	LOUDSPEAKERS	SPURS
CRUTCHES	LOVERS	STAYS
CYMBALS	LUNGS	STIRRUPS
DICE	MARACAS	TIGHTS
EARMUFFS	MITTENS	TONGS
EYES	OVERALLS	TRAINERS
FEET	PANTS	TWEEZERS
FLIP-FLOPS	PINCERS	TWINS
FORCEPS	PLIERS	VIRGINALS
GLASSES	SCALES	WINGS

```
S D L R F T D H I E L F N S T A Y S N E I
N F E S R E N I A R T N A S T O N G S R A
E T G S S Q T G C S Z S P X S M O I S T R
T A G F E E E U D E E O T W E E Z E R S S
T O I E S S R I S S L S E H C T U R C R F
I J N E I D S E S F A S D L A S E T E F O
M D G T S Y A A P G S N P S R E P P I K R
P L S R E P P I L S G E E U B K I S B S C
P L S N L M L L H G S T R W R L J O R C E
H E D D O F S E T H A R W H A R O E W L P
A I H C N D S A S K S A D C H K I I A L S
K S T H G I T R S E F T H K E L N T D N T
S N S D U O E M E E S T H N P G V I S F S
K W T W I N S U R K C T D G S Q Q B T L S
C C P A Y S T F S E A S E W I S C I S E S
I H L D U A Z F B E L E H N T L C W Y X R
T R Z B I C T S E K L S P A A N D E R M O
S O I U L A Z U L T S G Q S N T A A L Y S
P M S P U R S P L A R J G G D D S L E E S
O O N O E A T B O O E S I O G U S A O H I
H S L T O M R S W H C N L A G B O H C M C
C O C F E E O L S E N X X O Q B S L Y P S
A M D E E Q H L K N I S M S Q Y E D M A Z
S E R C E S S A S R P T R L D E S I B N I
X S H L C A A R Z R R S L A C K S E A T P
C E H N P R F E W G E S E S E S S T L S U
S G K R M D A V L L A V D C P H J A S V Z
T H E A D P H O N E S L O A S I S T O O B
A S I Z A T V I R G I N A L S K B A N P I
S E C A T E U R S O Q G P E S Z S O C K S
B R I S S S R G M E E L A S K D L U N G S
```

F1 GRAND PRIX WINNERS

ALESI	HILL	PROST
ANDRETTI	HULME	RAIKKONEN
ARNOUX	HUNT	RICCIARDO
ASCARI	ICKX	RINDT
BANDINI	IRVINE	ROSBERG
BARRICHELLO	JONES	RUTTMAN
BELTOISE	KUBICA	SCARFIOTTI
BRABHAM	LAFFITE	SCHECKTER
BROOKS	LAUDA	SENNA
BRYAN	MALDONADO	STEWART
CEVERT	MANSELL	SWEIKERT
CLARK	MASSA	TAMBAY
DEPAILLER	MOSS	TARUFFI
FANGIO	MUSSO	TRINTIGNANT
FARINA	PACE	TRULLI
FISICHELLA	PARSONS	VETTEL
FITTIPALDI	PATRESE	WALLARD
HANKS	PIQUET	WARD
HAWTHORN	PIRONI	WATSON

```
D H X K C I L W N V G I Y P W E A I L T C
T E U Q I P O N R D T A D A I Y O D T B I
E P O N I S R I K T B T L M M R Q P U N H
D L E I T Q I K O M N L E A U I O A E A R
X L L S N O Z I A R A E I L S A O N T M L
I E S L E I F T I R F M N D S Q Y N I T T
R S E I X R D R D B C L O O O I P Q F T N
N N B E A P T N T R J U Z N K Q L I F U R
E A O C J K Q A A R H H N A A K S I A R O
U M S O I J Q D P B I R U D Z I I A L U H
E H C W E R D F A R I N A O C T J A W K T
P E A R I C C I A R D O T H J W T Z R U W
N W D J V T N R G E H T E I A N N E S B A
D L E K S S T U D J E L T C G L A D O I H
B R O O K S P E M Y L X R L A N U Y R C W
D K A N T J P T R A C A U Q I P A T R A W
T M A H B A R B F D K E L D P S A N S B W
L H W S I D T O N P N C L J S R S E T D N
L C D L E R K U O N E A I W U N O O Q G B
H G L W A F R E O E P W E F O L E S L N W
E E D W H W A A R I E I F S V J S R T E O
R V E T T E L N T R K I R E I C C H R O L
A T G O R D C T G E Q A U W H O O Q M M L
S R C R A C I R R I P O G E A Y T H M L E
S R N H E F O T I R O R C L E T N L I A H
E Q L O D B A W N M Y K E A I D S T E V C
N Y D V U C S N D E T S V N S R V O B B I
O S P Y L X F O T E I H E H M S A Q N R R
J I R V I N E K R L A F R I I O A C S A R
D A L Y D R T R K B A T T U L L S M S O A
A N E N E X K I S M L O T F I Y L S N A B
```

HARVEST TIME

ABUNDANCE	GLEANING	POPPY
APPLES	GRAIN	RIPENING
BALES	GRAPES	RYE
BARN DANCE	HAYMAKING	SACKS
BINDER	HAYSTACK	SCYTHE
BOUNTY	HERBS	SHARE
BREAD	HOPS	SHEAF
CABBAGES	HUSK	SILAGE
CARTS	LOAVES	SILO
CEREALS	MARKET	STRAW
CHAFF	MEADOW	TEAMWORK
CIDER	MILLING	TIRING
CORN	MOUSE	TOMATOES
CROPS	NUTS	TRACTOR
CURRANTS	OATS	VEGETABLES
CUTTING	ONIONS	WAGON
FLOWERS	ORCHARD	WAIN
FRUIT	PEAS	WHEAT
GATHERING	PODS	WINNOW

```
S X L O F A E H S S L N A O H R F U W A L
P C A B B A G E S L X O I G B M R W Z P B
K T I L S I L N O A G Z T A E H W E S S G
S H W A I B E K T D B N M E W W M S E K C
G D C T B E A B T M O U I Y B P B L V R G
E K X X O N N E F E S R N R M R P R A O X
S C E L H M I L L B I E S D E P T S O T D
P K N M W M N S O Y S O O H A H Q E L C C
S A Y A S Y G R W K A W C T G N T J Z A N
S T F W D I O N E R P T F S A N C A O R B
W D U R N N S K R S G J C D T M I E G T H
S E O N R J R G S E K N A D Z N O L N C T
O T N P Z M C A G L R I I Q C R A T L E S
Y S R D E I R I B X E D D K S O J R A I Y
F N C A N O C S U E D D X A A C R M R T M
U F D Y W A O H S N N O E S C M W Z N U E
D O A T T E B A X R I P R X N O Y U Z I C
W Y W H E H R R K D B K I C R L O A X T A
E P N C C U E E I M T A T K H B A T H M J
A P J A I M C U T T I N G M L A N O G A W
C O L E V D J A O N R I S I K B R R F T P
I P E L F R E G A L I S Q E K E C D B I S
S I Q A B V L R D W N A S G E I M O O F E
R T N J L A K A N N G T R I P E N I N G L
E Q R D S S L P T N G W Q G R O Q L I W B
P P Z A R Q H E M F C B I G E O L G O O A
U C D W C E U S S R R F U L A S Y I N N T
W R U H V R S L A E R E C T E K U L S N E
F O D I T C K L A U E E L H I A P O G I G
H P S P O H N D I E Z T N T E K R A M W E
A S F I O E O T E R E K C A T S Y A H X V
```

"D" WORDS

DABBLE	DEXTROUS	DONKEYS
DADDY	DIBBER	DOTTED
DAFFODIL	DINNER	DOWAGER
DAGGER	DIOCESE	DRACHMA
DAIRY	DIOGENES	DRAGNET
DAISY	DIPLOMACY	DRAPERY
DAKOTA	DIRECTORY	DREAD
DAMPLY	DIRHAM	DRESSAGE
DANGER	DISAVOWAL	DRINKING
DARKEST	DISDAIN	DRIVEL
DASHED	DISTENDED	DRIZZLE
DATABASE	DITCHED	DRONE
DEATH	DOCILITY	DUCTILE
DEBORAH	DOCUMENTARY	DULLEST
DEDUCE	DODGING	DUNES
DEEDS	DOGFIGHT	DUSTERS
DEEMED	DOLPHIN	DUTIFUL
DENTISTRY	DOMAIN	DWELLING
DETERRENT	DOMINOES	DYNAMIC

```
D T L D D Y J D D H D E H C T I D F E T R
D X J F S F T E I L L M P H B D E G Q S E
L N I I A P D T B N E G G D E M E E D E B
E D A D A N G E R E N I D D G V D H D K B
V D A U E Z D K U I F E U A D J R U S R I
I D O T T E D I K G N S R G I K Q H D A D
R F S I A N F N O O T T N E R R E T E D D
D I W F Z B I D R E D R A P E R Y E C M Y
D F S U W R A A R O Y R A T N E M U C O D
T O N L D D H S C E L D U C T I L E D V O
A D E A T H R I E D R A C H M A Z R E G M
D E M P L Y L E V D F S V O S S D F N H I
H D F H P I D D S G N I L L E W D I T Y N
D D Q G T S X R A S Y A S N B B G K I Z O
R H P Y X D W A S F A T E C T D E R S O E
I F K D E U Q G U L N G B Z O U Q E T R S
Z E K S Y E K N O D O G E D I L D G R I X
Z S R D R O N E I I C I M A N Y D A Y I V
L E I D E R J T D H D S Y G B B D W D L H
E C G A D A G G E R P I D R C D Y O U D O
D O M A I N D G A Q F L P I O U H D D E Y
K I E P Q S X A Z O E G O L S T I A N U L
S D Z P G D E G F L H Y V D O A C K D S P
D I S D A I N H B F J L Q X E M V E S Y M
E U U E R G B B D S O I V D N A A O R X A
E L R X L T A U D D E D U C E D V C W I D
D D B T O D N T I D H C I D L K A D Y A D
J Z F R Z E N J R A G B V L O Z V K V G L
R R R O S S X T H Z A H W Q B M C W O F I
P D A U N N I H A R O B E D T H H C U T F
D D E S D H S I M F R Y D U L L E S T A A
```

19

"E" Before "I"

ABSEIL	HEIGHT	RECEIPT
ACROLEIN	HEINOUS	RECEIVE
APARTHEID	HEIRESS	REIGN
BEIGE	HEIST	REINS
BEINGS	HOWBEIT	REVEILLE
CHOW MEIN	INVEIGH	SEINE
CODEINE	KALEIDOSCOPE	SHEIKH
DECEIT	LORELEI	SKEINS
DEITY	MADEIRA	SLEIGH
EDELWEISS	NEIGHING	SPONTANEITY
EIGHTY	NEITHER	SURFEIT
EISENHOWER	NIKKEI	SURVEILLANCE
FEIGNED	NONPAREIL	THEIRS
FEISTY	ONOMATOPOEIA	THEREIN
FRANKENSTEIN	PEIGNOIR	UNVEIL
FREIGHTER	PERSEID	VEINS
GEISHA	PLEBEIAN	WEIGHT
GNEISS	POLTERGEIST	WEIRD
HEIFER	PROTEIN	ZEITGEIST

```
E I L T N I E R E H T I E P S D I E O X Y
N E I G H I N G R H E I P A S N H L Z N T
I E B E I Z K J T M E M O K A P I I C I H
E B N K X Y P E R S E I D H O P P E N E G
S N E I T H E R J W F L S L M E I G K T I
X C V I E K T A J W Q I T V I I E E A S E
N F E U N P Y E X R E E G G Q Y L G X N F
I D W E I G H T A G R F N Y S B K X Z E G
E E X E E V S R I G M O L I P N S H I K T
L C C L H S I Q E S I Z N J E I I S Z N I
O E T H E E O I T R M E I X B D T E N A E
R I V R D S S I F P H A S A Z Y O N V R B
C T I A H T E J U V S S I E N G A C B F W
A E M K I F Z E I T G E I S T I Y E L Q O
H B W F R C I E R R O H O I E S H E I K H
F D S U Y J X C J P E X Q B B N R X H R A
Y I S E P E Y J O G B F E S H I G T H N C
T E H A I Y O T C E L L I E V E R N H F B
I H V I E L A B P E P Y K E N R O E I R D
E T G S P M U S R I E H T U H N I K K E I
N R X V O A E N H E O H F E P S F E J I E
A A N N C F Q T V L D M V A T J I I L G F
T P O H S P E V I E C E R N C V W S W H D
N A P R O T E I N R I E N K G J L E Q T U
O Y M J D H S Y F O I L E G S U O N I E H
P I H E I G H T T L G N U G I U B H E R R
S U R V E I L L A N C E V Y I E B O U D U
K O E S L E A Z D Q I W Q E C E F W H R G
E R I A A L N I E M W O H C I F B E G I S
I Z G G K S V E O L R L L B K G F R N E I
E I N S S I E W L E D E F R U S H W G W E
```

Canadian Towns and Cities

BATHURST	HAMILTON	PORT CREDIT
BEAVERTON	HUNTSVILLE	QUEBEC
BELLEVILLE	INUVIK	QUEENS
BRACEBRIDGE	IROQUOIS FALLS	RED DEER
BRAMPTON	JASPER	REGINA
BRANDON	KAMLOOPS	RIMOUSKI
BRANT	KEARNEY	SASKATOON
BRIMLEY	KELOWNA	SNOW LAKE
CALGARY	KINGSTON	ST JOHN'S
CAMROSE	KITCHENER	SUDBURY
CHURCHILL	LA TUQUE	SUMMERSIDE
COCHRANE	LAKESHORE	TERRACE
EDMONTON	LONDON	THUNDER BAY
GANDER	LYNN LAKE	TIMMINS
GASPE	MEAFORD	TORONTO
GILLAM	MONTREAL	VANCOUVER
GRANBY	MOOSE JAW	VICTORIA
GREENSTONE	MOOSONEE	WINNIPEG
HALIFAX	OTTAWA	YELLOWKNIFE

```
S A S K A T O O N A M B E A V E R T O N P
T L P H O Z Z G I O P M R F V M Y L E D I
J N D I A N N G O M R M Y A G F Z Y R Z O
O E C I T O O S R E V U O C N A V K O X B
H T G L D D O W I N N I P E G T N F H L N
N V N N K N G E L L I V S T N U H D S I A
S H A P E O U B N T N O I Y Q U E B E C V
P R H E O L J L C T R A V I R S W R K R E
B C J F B R A E W M S H Q F N A T I A B D
F X O H H E T X A H M S E I Z V G M L G K
E G D I R B E C A R B A M H A M I L T O N
V I C T O R I A R F T M L S V G I E A X A
V N N R X Q H S E E I H B L S F V Y R C K
G O U U U K P L P T D L V K I N G S T O N
M Z I E V O A W S B E I A B Z G Z L R I A
M N E W O I B X A S X R T H S K W L D H A
O N R L K C K R J E U D R G W K C A U I Q
S T M O O S E J A W S D F A D R O F A E M
W A N I X P T C E M L R B Z C N D S M S A
K Z R O G X H S H F P A U U W E K I C U N
E H U E R X N V R U I T T Q R N E O Z M W
N Z E A N O H O E U R N O U A Y A U B M O
O R S R W E T C X L H C K N Q J R Q V E L
T L Z L J A H Z O B L T H W P U N O G R E
S N A D Y T T C G C V I A I O C E R A S K
N K K A B B F T T K H R V B L L Y I S I U
E D M O N T O N O I M R L E N L L M P D U
E B E K A L N N Y L K M A L L A G E E E C
R J B V R I M O U S K I E N V L Q S Y T P
G A N I G E R E D D E E R K E L E C I S O
P C Q Z H R E W P E T H U N D E R B A Y K
```

"A" Words

AARDVARK	AMBIENT	ASUNDER
ABOLISH	AMPLIFY	ATRIUM
ABOUT	ANDROID	ATROCITY
ABRUPTLY	ANKARA	ATTAIN
ACHING	ANKLES	ATTEMPT
ACTUALLY	ANNUL	ATTIRE
ADDED	APPLY	AUGMENTATION
ADVISE	APTITUDE	AUGUST
AFFORDED	AQUILEGIA	AVAILABLE
AFTERWARDS	ARACHNID	AVALANCHE
AGAINST	ARMY	AVENUE
AGAPE	ARTIST	AVERAGE
AGENDA	ASHEN	AVOCET
AIDING	ASIDE	AVOIDANCE
AIMLESS	ASPECT	AWFULLY
AITCH	ASSEMBLE	AWRY
AKIMBO	ASTOUND	AXIOM
ALLEYWAY	ASTRINGENT	AZTEC
AMBER	ASTUTE	AZURE

```
A K A N O I T A T N E M G U A E T U T S A
A B R U P T L Y M R P X M L G G V D N L A
S W O A A U G U T Y L L U F W A A K E F D
J R I L A I I T S E G U A A Q N R H G A F
K D A V I R A T T E M P T E D A A D N P T
C I P F T S P B C G H Y C R V A N M I A E
L N T A A C H I N G T N O D A B E B R T C
U H I D A H A R U I A I R R A R M A T L O
N C T D E S D O C D D A O A A C E R S C E
N A U E I L T O I B A M R Q V O Y P A L T
A R D D E D R O F F A E U H K E S A B I S
Y A E R I T V M U A D I T L E Z N M A A I
M Y U A A A F B D N L S T S P J E U K I T
R Z A O Y A I N U E D A O J U S N D E M R
A C T L A A E S G A L Y G T S G J N A L A
N C P L A G A I F R W M D A K A U F L E J
K P A V A L A N C H E A U B O T J A L S N
A V O C E T L I K W L C A O O T I N E S U
R O R E B M A C N L I J G U A B A N Y N A
A B A A G D O J E S E A V T C Q M S W Z N
A M N F A B S K J T T S F K T P B D A D U
V I P Q L E J F V F E V Q W U H I R Y S D
A K A V E R A G E D H S A G A P E A A L N
I A X Y I I N Q R I I M U D L W N W G S I
L W S S N T J A R Z A A A Y L A T R C B A
A O L P P T A N M K A B X E Y M I E I R T
B A O A E A Q Z L F W I F S S L O T N G T
L S B X C C K T T T A K D N A I T F C E A
E H E I B K T C O E T W L I Q W V A V H Z
W E G O S B F A A S C J U N N K R D V Y J
A N N M V Y F I L P M A R M K G W Y A H A
```

25

RACECOURSES FOR HORSES

AINTREE	FOXTON	PLUMPTON
ASCOT	GALWAY	PONTEFRACT
AYR	GOODWOOD	PUNCHESTOWN
BATH	HAMILTON	REDCAR
BEVERLEY	HEXHAM	RIPON
BRIGHTON	KELSO	SAINT CLOUD
CARLISLE	LEICESTER	SANDOWN
CARTMEL	LEOPARDSTOWN	SAPPORO
CATTERICK	LIMERICK	TAUNTON
CENTURY DOWNS	LINGFIELD	THE CURRAGH
CHANTILLY	LUDLOW	THIRSK
CHESTER	MARKET RASEN	UTTOXETER
CLAIRWOOD	MUSSELBURGH	WARWICK
CORK	MYSORE	WETHERBY
DEL MAR	NAAS	WEXFORD
DELHI	NEWBURY	WINDSOR
EPSOM	NEWCASTLE	WOODVILLE
EXETER	NEWMARKET	YARMOUTH
FAIRYHOUSE	PERTH	YORK

```
O H L Y A I G N W O T S E H C N U P D O N
I T W O L D U L L N K S R I H T E O E S K
C R D D X R Q G K P E X A R D A O I L L R
R E D F E B E V E R L E Y S G W Y R H E H
G P L A I L K N A P O I L D D A A B I K R
O E E I L E M T R A C Y B O R C L O T E C
K C I R E T T A C E P S M D N O W T T J
D H F Y I G H D R Y Z G O E G R A E A I B
T G G H C E R O E N V U R A N R X D X Y N
H R N O E Q F O E L T S A C W E N Z E O Q
Z U I U S E Y W R H U A A I L I F L R D T
P B L S T G B R V E D S C P Q B N G F S V
L L B E E U R I D F V K Y N P O E D C Q M
A E O S R C B A D R K Z E N T O U A S S J
C S O Y E R B L E P F S W M R C R N H O S
H S C P G Z E C S K A O W E A L T O Y N R
E U E C A E E H N R D H T T I X R V W E M
S M Y S O R E E T N G E N S N H I O L S L
T D I E S R D E A A X O L O B Z D L R R N
E W R M R N K S R O T E R J F Y I E K E L
R N E O D R D R T H T M Y T R V A S W N D
D S H T A R U T G O E S C U D G O M Z L R
U X W M H C U I T R W A T O C S A N Q I T
O R I E E E R I I Y R N O C F R H O N M O
L A Q H X B R P I F E W I O K A N T U E O
C S T A H F O B E C G E X E M I A N L R Q
T J Y X A N O T Y N R T T I D N B U K I M
N R A O M L N R S B O Y L L I T N A H C R
I A S N H O S E D N I T D D D R A T T K X
A R A U P L U M P T O N T A H E V S F H P
S D V S Q U G B Z N N P N B E E I Z J H K
```

COCKTAILS

ACAPULCO

AMERICAN BEAUTY

BATIDA

BELLINI

BISHOP

BLACK RUSSIAN

BLACK VELVET

BLOODY MARY

BLUE HAWAII

BLUE LAGOON

BRANDY ALEXANDER

BRONX

BUCK'S FIZZ

CAIPIRINHA

CHI-CHI

COBBLER

COSMOPOLITAN

DAIQUIRI

EGGNOG

GIMLET

GIN FIZZ

GIN SLING

GLOOM RAISER

GOLDEN BREW

GREEN WIDOW

HARVEY
    WALLBANGER

HORSE'S NECK

IRISH FLAG

JULEP

KIR ROYALE

LONG VODKA

MAI TAI

MANHATTAN

MAN-O'-WAR

MARGARITA

MARTINI

MOJITO

MOONWALK

PANAMA

PARADISE

PINA COLADA

PINK LADY

RICKEY

ROB ROY

SAKETINI

SALTY DOG

SAZERAC

SEA BREEZE

SIDECAR

SINGAPORE SLING

SNOWBALL

STINGER

TOM COLLINS

WHISKY SOUR

WHITE LADY

WHITE RUSSIAN

ZOMBIE

```
E K S G R O B R O Y U N L O N G V O D K A
P E A Z X H A Z O W H I T E L A D Y E H G
E G T F G W A Q O K F I F E O E J B N I N
L L I L O O X R T M J M M N C L N I U I I
U O R N N D N H V O B V H N I O R H G A L
J O A Q G I O A M E W I W R P I B B N W S
A M G E G W R H S Q Y H E G P N G B I A N
I R R O E N B A I X I W R I O C F Z L H I
R A A C R E K M D T A K A P Y P L G S E G
U I M G T E V L E V K C A L B E P O E U R
O S R C T S R C S U H K B L T I R R L I
S E A I O G U I A D G I I L I B N E O B I
Y R N I U S E J R O S C R U N J A D P A X
K I J R S Q M C J P P H R E I B C N A A G
S Q N I T C I O D R I I O L L L O A G M F
I E A S I Z P A P L N E Y A L A L X N E E
H N G H N P M A D O K L A G E C A E I R R
W H E F G C M S R Y L C L O B K D L S I D
H R N L E B N S N A A I E O R R A A K C S
Z S I A R O L I E P D V T N J U Q Y C A C
S Q T G W T A O U A Y I O A I S G D E N A
N N N B M N E L O O B K S D N S Z N N B R
I X A L D A C L G D L R S E S I R A S E E
L L T E O O R C M A Y W E D D A N R E A Z
L I T C Y L U T W I G M B E G N T B S U A
O E A O D P E N I I G A A R Z L O V R T S
C M H T A T O H N N T I I R E E E S O Y L
M Q N N I O T F E I I C E T Y B I S H O P
O D A Y M A I Y D W K B U C K S F I Z Z E
T M M Y U Z M A E E M W G O D Y T L A S R
A L X T Z F O L Y S N G O L D E N B R E W
```

FRUITS

AKEE	KIWI	PLANTAIN
APPLE	KUMQUAT	PLUM
APRICOT	LEMON	POMEGRANATE
AVOCADO	LIME	POMELO
BANANA	LYCHEE	PRUNE
BILBERRY	MANDARIN	PUMPKIN
BLUEBERRY	MANGO	QUINCE
CARAMBOLA	MEDLAR	RAMBUTAN
CHERRY	MELON	RASPBERRY
CLEMENTINE	MULBERRY	REDCURRANT
CRANBERRY	NECTARINE	SATSUMA
DATE	OLIVE	SLOE
EGGPLANT	ORANGE	STRAWBERRY
FIG	PAPAYA	TAMARIND
GRANADILLA	PASSION FRUIT	TANGELO
GRAPE	PAWPAW	TANGERINE
GREENGAGE	PEACH	UGLI
GUAVA	PEAR	WHITECURRANT
HUCKLEBERRY	PERSIMMON	WHORTLEBERRY

```
K T I U R F N O I S S A P A E G F W D Y N
A N A N A B P B Y E C U L N E I D Y O Y O
G U E M R H A E T M M L I E R F R Z K X T
R G M G A W X A Q P I T H O Z M M M U N N
A K E E A R D E K D N C L Y E U O S A E O
P U W P T G I I A E Y V R B L K M L Q E M
E L W J R L N N M L N G P B D I P B U N M
S A T S U M A E D Q Z S E U K G H Q A A I
P N U H F R L R E Q A R S D G A C M T L S
E D I A G C O Y Y R R E B E L T R O H W R
I P K E E X R C B Y G I Q A L A A L T Y E
R E D C U R R A N T E B L X X N N E H R P
T A Z E E L K V V N R Y N J H G B X U R A
N Y M H A G Z I I K A W I C H E E Y Y E M
A I C B O V E R W U K B A U E R R O A B B
R P Y R U C A O Z I Z E T K U I R A I E M
R N R W N T O T B D P W N C G N Y L Z U G
U G H I C A A A S G R L A R F E B C A L Q
C I U E C V A N Q U U A L S D E W V I B V
E Q N A W O E G Y O N P P W R S V M K M L
T Q D C V C T E Y R E P B R V R E Y X P P
I O O Y J A O L Z B R L Y P A P A Y A O T
H S N G U D J O F C Q E V O L A M E M R A
W L G B N O L I V E A X B G T G O E P O U
N O N I R A D N A M N R U W S R G C L X Q
O E M A L P M M Q C J Z A T A R A E W M M
M R H U C K L E B E R R Y M A R M L N R U
E B A V R O H Y L P Z N O N B O T R D I K
L S Y N I U O B L O G J A S P O K S L E Q
W U D C G T T U A Q N T W O H Z L G W S M
G L F S E E M N L I E S H E H D U A R H H
```

ICE HOCKEY TERMS

ASSIST	GOALIE	POINTS
ATTACKER	HEAD-MANNING	POWER PLAY
BENCHES	HOLDING	PUCK
BLUE LINE	HOOKING	RED LINE
BODY-CHECK	ICING	REFEREE
CARRIER	JERSEY	RIGHT WING
CENTRE	LEAGUE	ROUGHING
CHERRY-PICKING	LEFT WING	SCORE
CORNERS	LOCKOUT	SHOOT OUT
CROSS-CHECK	MAJOR	SHOTS
DECOY	MINOR	SKATES
DEFLECTION	OFFSIDE	SLAPSHOT
ELBOWING	ONE-TIMER	SLASHING
EMPTY NET	OUTSIDES	SNAP SHOT
FACE-OFF	OVERTIME	SPEARING
FIGHTING	PASSING	STICK
FIVE-AND-TEN	PENALTY	STOPPAGE
FIVE-ON-THREE	PERIOD	SWEEP CHECKING
GLOVES	PESTS	WHISTLE

```
G T J M L T Z G G L Z I V X C K T D G Z P
N I E R S S F B N G P P X Q V U O T X Z Z
I R R I Z T E N I L D E R Z O I A R O E R
N L S Q A N G U W Q T B P T R C K C U P T
N S E L E I L A O G O V O E J I Z Y K V V
A T Y A A O D M B F E O P K H N M D A F Y
M T I D G P S G L M H D C I C G E A T P C
D P T D E U S T E S N E I F O C R P J H G
A O C A P F E H I L H R B S O Z P G E O V
E W Y O C M L Y O C F O Q Y F A N R H C R
H E B V G K L E S T K N T O S F R A C E S
O R U G V Q E S C J E I R S N Y O V V S Z
O P O U C C O R P T E M I O P E O T J G V
K L U W E R T E D E I N R I C Q T M N Q E
I A V N C U G N R Q G O C I F O B I X V V
N Y T M O A A H C N N K N O G F T S M E H
G R Y K P E T E T J I G T L U H O A Y E Q
E E C P V N V U J N R N J F G T T E P S R
I O O I O N K W G C A I P I H B S W C Q F
L T F E S K A T E S E K F J D O G I I A Y
S E V O L G S S B L P C Z G L D N U D N F
W I F R X S G L T A S E M P T Y N E T E G
F I R T E U X G A S S H V N Y C Y O E T S
E W O H W I N H J H E C D R L H W U O Y E
E P H B O I R H Z I H P Q C Y E F A P R M
R J A I H L N R K N C E D O T C S U O N I
E M Z G S N D G A G N E F R L K Z C P R T
F D U W B T U I F C E W S N A P S H O T R
E O B L U E L I N E B S G E N W P B Y T E
R E D T E K M E F G Q C S R E L B Y T D V
J M U Q F C Y W O B B N G S P J G R O I O
```

WORDS WITHOUT RHYMES

ALMOND	HUNDRED	PLINTH
ANGRY	HUSBAND	PROBLEM
ANGST	JAVELIN	PROMISE
ASPIRIN	LAUNDRY	PURPLE
BREADTH	LIQUID	REPTILE
CHAOS	LUGGAGE	RHYTHM
CHIMNEY	MARATHON	SANCTION
CIRCUS	MONSTER	SANDWICH
CITRUS	MONTH	SCARCE
COMMENT	NEUTRON	SHADOW
DANGEROUS	NINTH	SIREN
DEPTH	NOTHING	SIXTH
ELBOW	OBLIGE	SOMETHING
EMPTY	OFFICE	TOILET
ENGINE	OLIVE	TRANSFER
FILM	ORANGE	VACUUM
GLIMPSED	PEDANT	WIDTH
GOLF	PIZZA	WOLF
HOSTAGE	PLANKTON	WOMAN

```
B N V L A E K S I A B N C R A B C L Z P H
H X I Z C M Z S H M T N E O L M E L L T N
A T Z R E E K L E U O D A Y M D K I D E S
V I N B I N L C E O S Z H O J M N A J A A
P D O O E P I O L K I B N D N T E G B R R
Q A F H M F S G I M A S A J H R E N K Q A
O S Z B F K E A N N T L T N B E Q M T G H
E L P O A M E A G E Q R A X D D T W K M E
F L O W P O R R R J M C A U Y Q E O M S W
H U L T L W Y T D N M T E N N O Y B N I F
L I Y V S O M E T H I N G V S D Y L H T H
S N T H U N D R E D S J P O A F R E R C T
A O U E K X D X E X E O U E U C E Y M J D
N T L O L C H A O S E S R S C O U R G I E
D K I E V I L O B K I E P T D R B U U U M
W N A M O W O H L L Z R L M U T A Q M L D
I A L M O N D T I N X F E O I J I C I G E
C L O D R P L D G O R I J N A L Q F S I U
H P A T E Y D I E R E S O V R R G N X Y H
D H Y D J M K W T T P Z E R G N I H T O N
S M A R A T H O N U T L L N E A O Z S K S
Y N S H Q E U T D E I D U R E S F T H U B
T W N Y N I G C P N L F R G I H A T O T I
S U R T I C I N R E E J H R G G O R N A G
A J Z H L R H M A L D C L E E A E C N Q N
E E D M C D E T R R G H S O S G G G D T I
S S S U A L J N X N O I T C N A S E Y S D
K X S D B M I I T I M M G A T T A Y I T C
E Q X O S N Y Q L O S N D O V O H E S L N
L B R Y T M V L R G A E N N L K R A O D S
M P L H H K K P Z J I Y U O M F E T C O T
```

35

Halloween

BATS	FLYING	PHANTOM
BLACK CAT	FROGS	POTION
BONFIRES	GHOSTLY	PUMPKIN LAMP
CACKLING	GHOULISH	RITUALS
CANDLES	GOBLINS	SABBAT
CAULDRON	HALLOWEEN	SATANIC
CHANTING	HAUNTING	SORCERER
CHARMS	IMPS	SPELLS
COSTUMES	INCANTATION	SPIDERS
COVEN	INITIATE	SPOOKY
CURSES	LEVITATION	SUPERNATURAL
DANCING	MAGIC	TALISMAN
DEMONIACAL	MASKS	TOADS
DEVIL	MIDNIGHT	TRADITIONS
EERIE	MISCHIEF	TRICK OR TREAT
ENCHANTER	MYSTICAL	VAMPIRE
EVIL EYE	OCCULT	WARLOCK
FAIRIES	PAGAN	WITCHCRAFT
FAMILIAR	PARTIES	WITCHES

L E O S F H Q N M I D N I G H T M H V Y I
A N M Y S T I C A L D G S E S R U C S Z S
K U E H M A S T R F Z T N S R E D I P S E
A T F O O B S A K K H E V I A L N Q O O R
D F A Y T B A L H V A I T V C I I T O R I
T A M R N A E I V L L R L Q E N A J K C F
R R I V A S M S X M L E U L U K A K Y E N
A C L D H R A M B D O E C O C T Z D D R O
D H I S P F J A B E W E C M S R I E D E B
I C A N A G I N O U E C O S T U M E S R I
T T R I C K O R T R E A T N A O L E K G J
I I S L L E P S P N N A E P N T H B C N I
O W J B F E L L Y I S J L I X C A T N I E
N N I O L B N U S N B F A V T N N N O L Y
S G N G Y S C F L P N C E I I E O E I K E
I P C M I G R A B A A N W I I V Q T V C L
L M A C N O H A U L R S O H H O A A D A I
Y A N L G L T O O L S U Y I R C C I P C V
Q L T S W S I E U W D X T E T J S T E E E
Y N A X D K Y P A L F R R A T A C I G A M
N I T E D M R R A A I E O G N R T N M L N
F K I T R I L R B R T S S N E R A I S I D
P P O T I O N L T N T V H L O Y E D V V L
D M N D C S A Z A G N I T N A H C P W E Y
V U X K O C V H N R P B E R S U A I U D L
M P Q O K K C Y C U T Z N S K G T K D S T
A O Z C D N O D A Q O B L O A J T I R G S
S A A O E V F A I R I E S N E B O X R P O
K T Y L E I S D M N G N I T N U A H O T H
S D Q N J V A M P I R E W C A N D L E S G
P J R N O I N R S M R A H C V F S F O A V

CHEESES

ACORN	EDAM	LONGHORN
AIRAG	EDELPILZ	MASCARPONE
ALVERCA	EMLETT	MEIRA
BASING	FETA	OLDE YORK
BERKSWELL	GORGONZOLA	OXFORD BLUE
BOCCONCINI	GOUDA	RED LEICESTER
BONCHESTER	GOWRIE	RICHELIEU
BRIE	GRABETTO	RICOTTA
CABECOU	GRAVIERA	RIDDER
CABOC	GRAY	SHARPHAM
CAERPHILLY	GRUYERE	STILTON
CHEDDAR	HUMBOLDT FOG	SWALEDALE
COJACK	IBERICO	SWISS
COOLEA	KASERI	TEIFI
COTTAGE	LAIROBELL	TYNING
COVERDALE	LAPPI	UBRIACO
DERBY	LEYDEN	VENACO
DEVON BLUE	LIEDERKRANZ	WENSLEYDALE
DOOLIN	LIMBURGER	ZAMORANO

```
A E E K S E E L L O R I L L E W S K R E B
K X C S N T E L S T I L T O N F K K U I E
M E I R A G E Q K T C C D U O C E B A C L
E W O C A B E C W E H L O C A N E V V G Y
S C M T O N T C R B E C E J V P F M D B N
A X T R L L R E Y A L D O L D E Y O R K U
H O I M U A Y D C R I C L B K H Q E G A I
C A W L D U E H D G E W S Y A F D A Z S H
L Y T D R G S A C I U K N C O C R S Y E K
N A E G L X N U E C A E R P H I L L Y R B
G H P B E I B I E N M L U O A K P A Z I J
C O P P V N B R N I E A V L F M R C N I Q
Y A R R I G O O R Y R I V E B G P S R I L
R B C G I A J P D Z T W P U R N J S E T O
H E B Z O B U E R G K Q O B B C O H T E N
U U D E E N N K B A S I N G A R A V S T G
G L M L D T Z B O C C O N C I N I Q E V H
O B K B E U B O I B G S J Q A V F A H D O
R D P X O I K X L Q R Y A I B E R I C O R
I R A A D L C G R A N A X M T Z U U N O N
A O G T E E D E T N F L B A C D Z T O A X
D F T V L L L T S E S H W X C X T E B T M
E X V Z N O O A F T C G I E H B I I E A K
D O O L I N C O D O E O O J U R B I H Y L
E E A G M D X I C E G R V U B C F P U D J
L I M B U R G E R E L R W E D I R W Y L T
P Q I A U G Q T T I N A I C R A W F O T W
I K E L A D Y E L S N E W D H D F E E E U
L I E D E R K R A N Z Y V S D M A L D C E
Z A M O R A N O F O R Y M X O E M L I A J
N R E H R I E E H S G R A V I E R A E R M
```

MADE OF PAPER

BAGS	FLOWER	PHOTOGRAPH
BILL	GIFT TAG	PLANE
BOOK	INVOICE	PLATES
BROCHURE	JOURNAL	PLAYING CARDS
CALENDAR	KITE	POSTCARD
CARDBOARD	LABEL	POSTER
CERTIFICATE	LAMPSHADE	PRICE TAG
CHAIN	LANTERN	RECEIPT
COFFEE FILTER	LEAFLET	SACK
COLLAGE	MAGAZINE	SANDPAPER
CONFETTI	MAP	SERVIETTE
COUPON	MENU	SKETCH PAD
DIARY	MONEY	STATEMENT
DIRECTORY	NAPKIN	TEA BAG
DOCUMENT	NEWSPAPER	TICKET
DOILY	NOTEPAD	TISSUE
DUST JACKET	PAMPHLET	TOWEL
EGG BOX	PARASOL	WALLPAPER
ENVELOPE	PASSPORT	WRAPPER

```
T N E M E T A T S Q R T J A D Y L J I C S
O D T Y Y R A I D I R E P A P S W E N W G
N O T E P A D O C D E E G A L L O C I T A
U E R N I X O M I R C E L T A N R V E R B
A Z P O L S V R U H C C A T Y O T A E I N
S A J M M D E H I I E J R C I I B S R H R
E Z T N Y C C T O R L L O X N A C N T E E
R P B A T O T V T H K U G E G Y L I O D P
V L R O R E N I Q O P D Y B C T E O V K P
I F R B F I F U O O F X N V A D I D W H A
E Y O N N I L E N S L O S A R A P C O L R
T P O I C L F I S A L E Q R D R D N K R W
T C A A Z N R E P A P D N A S P O S T E R
E H T M S E T A L P R K E G G B O X L T T
C E Q M M S V U O E H S I T E L F A E L I
H L E H E T T S W D N M T N Z Y Q D A I S
L A T E T E N O T F A L T S I X S N R F S
O E Q P N L L O E N T P A R J L T S A E U
K R W G I F T T A G E B H N O E O T D E E
C W P O Y E G E O L L M F C R P O S N F D
M O G A T E C I R P H E U N T U S T E F U
J H M L N N D E D L P Y T C A E O S L O S
W A L L P A P E R A M L Y O O K K J A C T
S E T I S I H E L N A G L A E D U S C P J
H P Q B K S A C K E P U E F N E O N B L A
P O S T C A R D B O A R D E I T S C E D C
O L P V L Y H L T A Q D I H Z I C I A M K
T E A U F D E J R K I S F V A K J M T E E
X V Y D R B M P O T O O T R G E B S O J T
O N R O A L U P H O T O G R A P H G B H K
J E D L A M P S H A D E B E M P L S S S G
```

LAKES

ABAYA	GEORGE	NIPIGON
ALBERT	GREAT SLAVE	NYASA
ARAL SEA	HURON	OHRID
ATHABASCA	IHEMA	ONEGA
BAIKAL	KARIBA	OULUJARVI
BARKLEY	KIVU	PATOS
BODENSEE	KWANIA	PEIPUS
CASPIAN SEA	KYOGA	POWELL
CHAD	LADOGA	RWERU
CHILWA	LOMOND	SAIMAA
COHAHA	LUCERNE	ST CLAIR
COMO	LUGANO	SUPERIOR
CRATER	MAGGIORE	TAHOE
EDWARD	MALAWI	TURKANA
ERIE	MANAGUA	VICTORIA
EYRE	MARACAIBO	VOLTA
GARDA	MWERU	VORTSJARV
GATUN	NEAGH	VYGOZERO
GENEVA	NEUCHATEL	WINDERMERE

```
O S I N D E E R E M R E D N I W E N E G V
C N H N O R U H X R U C Z H B G P J G Y A
O V E M Y F C N T A T R E B L A H Z G I B
C S M G E R D A E R V D E W P D I O N A L
M H A R A D B S X J O C E W I O Z A I L X
T A K H U I N E T N R O X W R E W K Q A C
L D L N R A N D K G T H U E R K A E T L I
E Y M A I Y E X S U S A O O H L A H L Q Q
T N K P W V L A U D J H A E U C A J F L U
A E S M H I K H I A A A I H F B R A S N W
H A A E R I E V G T R O Q L A P E D E U E
C G K N S T R O O A V Z Z S A S A Y N E O
U H I J A A Y H A L D Z C Z S H A U T M E
E Q V U J K Y J N L T A H L C Y U X O D A
N A U U O H R I D I E A I G Y X P C W I U
D I L G J Q A U B M Z R L Z E J J A S S W
S U P E R I O R T H A P W J D N R L T K G
O K N I L E D E U W X R A N O D E N C O A
H V K M G K O O R J W E A L B K I V L M S
M W E R U O L O M O N D E C U L K Z A F D
Q C O S O O N F I S I N A G A G Y N I Z V
N E S B Y M Q J K F R G K M V I A X R H I
G R E A T S L A V E I K G Q M G B N V S C
A B A Y A D A X C D H K E A U Z Q O O D T
T V V W S E G U D P P L E A M Y Y Q P T O
U C J Z S T L D K E Z J S E K T E R W H R
N X R L A A G M Q I U Y N A H V L V P W I
O W A A Q G D S H P C Y E T I U K J Q E A
E R A T T A F R O U D S D C B M R Q G Y T
A N A S E E E T A S O U O U Z H A P H R R
A G O D A L R C N G V J B C P A B A U E P
```

43

WILD FLOWERS

ARUM	GOLDENROD	RUSH
ASTER	HEMLOCK	SAFFRON
AVENS	HEMP	SCABIOUS
BARTSIA	HOP	SELF-HEAL
BLUEBELL	IRIS	SHEPHERD'S PURSE
BRYONY	LADY'S SLIPPER	SORREL
BUGLE	LARKSPUR	STOCK
CAT'S EAR	LILY	STONECROP
CHICORY	MALLOW	SUNDEW
CLOVER	MARIGOLD	TANSY
COLTSFOOT	MOSCHATEL	TARE
CORNFLOWER	NETTLE	TEASEL
CROCUS	NIGHTSHADE	THRIFT
CYCLAMEN	OXLIP	VETCH
DAISY	PANSY	VIOLET
FAT HEN	PIMPERNEL	WALLFLOWER
FLAG	POPPY	WILLOWHERB
FLAX	ROCKET	WOAD
FLEABANE	ROSE	YARROW

```
F B A E L E N A B A E L F M B I T Z N F B
L L T N R K S J T G J C N S U E S O U U A
J A A C P A X G T F I R H T I R R Y G E N
W Y D Y E H T W R C O B H R M F A L C X E
O T V Y C S N B E N T H I I F T E S O S M
R C A T S E A R J V H S B A S L S F R U A
R J E N O S A W E D N U S A E P Y B N V L
A V O N S E L F H E A L S T O C K A F I C
Y W V W U Y V I V Y N Y A P Z Y U I L C Y
N S A C C X T X P P Q H P C X B E Y O C C
S L P L R E T S A P C Y C E R M E N W T C
T C W I L N M C F S E L Z T L O R J E H X
E U A O M F J P O R O R D H T U C O R A T
A U I B V P L M T V M M V Y H Y O U L V R
S V B U I F E O E Z S Y A E G J L F S S H
E O A X W O H R W L X E M R L R T C A E P
L A R K S P U R N E V P I P I M S T M I Y
T W T R H M Z S Z E R K A T X G F L L N N
R O S P E J N T D L L N W L J S O X B E O
N L I I B L N A B W S I T I X C O L W R Y
O L A F A T H E N Y L N I R K L T X D Y R
E A S R X S U K D L V Y F F A Y S A I O B
L M N J T C Q Z O L F H X L D K T G T N R
T U Q H G F P W R Q A S T A A A O B L Y I
T G G L T U H G N V Y V I Y R G N L C A Y
E I R S H E P H E R D S P U R S E B H I D
N M O N R U H N D W Y L B L H B C V I O B
D Q E B H J S S L Q W O D D E H R G C E P
R P E S C G V R O B B A Q U Q I O M O G L
P I U U O T W T G B O D L G X E P X R U Q
P R W O S R I B Y W M B T E K C O R Y T D
```

45

WILD WEST USA

ANNIE OAKLEY	GOLD RUSH	ROUND-UP
BILLY THE KID	GUNFIGHT	ROY BEAN
BLACK BART	HECK THOMAS	RUSTLER
BOB FORD	HOLD-UP	SADDLE
BOUNTY	HOLSTER	SALOON
BRANDING IRON	HORSES	SAM BASS
BUTCH CASSIDY	HOWDY	SHERIFF
CATTLE	JESSE JAMES	SHOOT-OUT
CAVALRY	JOE WALKER	SPURS
CORRAL	JOHN HARDIN	STAMPEDE
COWPOKE	LARIAT	STEER
DALTON GANG	LASSO	STETSON
DAVY CROCKETT	LYNCHING	TOM HORN
DEPUTY	MARSHAL	TOMBSTONE
DOC HOLLIDAY	OUTLAWS	WAGONS
DRY GULCH	PAT GARRETT	WANTED
FAST DRAW	POSSE	WILD BUNCH
GAMBLER	RANCH	WYATT EARP
GAUCHO	RODEO	WYOMING

```
B O S S A L K E S N X P R E B G E B A Z T
T U X O N A G T H D K E U E A E I N K T H
T D T E Y A N S E F R U J D L L O Y T H C
E Z F C U D N N R T H Y B O L B N V S G N
R D O C H O L L I D A Y G Y E O M M B I U
R G H R G C U A F E A I T U M W H A W F B
A O O A E R A E F W O H R A L T A C G N D
G N W S A V L S Y L E A R A I C L L O U L
T R S N H D V O S K C S K B L F H L K G I
A O C K D V M G I I H W F L L H C K Z E W
P H E A J I O D Z A D D D G E T O J F S R
B M S O N R F C L K W Y R D G Y R D B G H
R O E G G H O S U U T A G O L D R U S H E
A T O K H S T G M R S W R Y R L A V A C C
N E K O P W O C E G T D O D O Q L I T N K
D O O U H C O E Z G A B D N T T Y K O A T
I C R L S B T D N C M J E B B S E L M E H
N S P A R S R I R H P E O I Q O A F B B O
G Y B S G E H E S D E S Z H J H B F S Y M
I S M P T C L A B A D S X N N Q G F T O A
R A R S N T M L L V E E H R E H N U O R S
O L L Y S B A A A Y I J D O X P A I N R U
N O L U A Y O P C C S A P Q O X G R E I D
H O R S E S S U K R Z M S K M T N R D F Q
O N S D S F R D B O D E Z T K I O U H I G
O U T L A W S N A C L S W K D E T U Y X N
H Y T G O G T U R K T A Z D I D L G T D N
O A X C U O P O T E N K V E Z W A T S L E
W Y A T T E A R P T O D M W F Q D T T P S
D E P U T Y S T E T S O N V Z X W K Z A S
Y S U P B H J D Z M R B O U N T Y R O E C
```

FURNISHINGS

ARMCHAIR	DRAPES	PIANO
BEDSTEAD	DRESSER	PICTURES
BOOKCASE	DRESSING-TABLE	REFRIGERATOR
BOOKSHELF	EASY CHAIR	ROCKING CHAIR
BUNK BED	ESCRITOIRE	SCATTER RUG
BUREAU	FEATHER BED	SCREEN
CABINET	FOUR-POSTER	SECRETAIRE
CARPET	FREEZER	SETTEE
CARVER	GATELEG TABLE	SIDEBOARD
CHAISE LONGUE	HALLSTAND	SOFA
CHEST	HATSTAND	SPIN DRIER
CLOCK	HI-FI UNIT	STOOL
CLOSET	HIGH CHAIR	TALLBOY
COMMODE	JALOUSIE	TELEVISION
COUCH	LARDER	UMBRELLA STAND
CURTAINS	MAGAZINE RACK	WARDROBE
DAVENPORT	MIRROR	WASHING MACHINE
DESK	OTTOMAN	WASTE BIN
DISHWASHER	OVEN	WHATNOT

```
D D N A T S A L L E R B M U W N T S E H C
R E T S O P R U O F C O M M O D E I T X N
O E S E U G N O L E S I A H C M L V N R I
R I N I S F B A N T P C E I E A C O O Q B
R B Z I M G R P C R I T O F S N R S O O E
I O F R H D I L M H N E X I H A O P L T T
M O F G E C O V N L D V B U A M M P E Y S
E K B R T S A T N E R E U N L O B Y Z T A
R S X U E E O M D P I B N I E T M B A N W
E H R T O T A N G O E D K T U T V L R B E
H E E M O E E Q M N R K B K C O L C O X A
S L L D Q N E D O A I F E P N B F O I R Y
A F B E R I T R U I R H D R O E K S M R R
W H A B E B I A I L H N S Y S C D C K I R
H N T R Z A H P H A H A C A A D H I A A O
S O G E E C E E X W T V L S W A O H O H E
I I N H E O W S Q H A E E L I E C R N C K
D S I T R O P N E V A D R R S G Z C S Y V
H I S A F D O G T I P T D C N T U A L S O
H V S E S H I C B E I R S I E R A S J A T
O E E F R M X E I E A B K T T S L N Q E E
R L R B A C D S A O N C P A A T O A D R H
E E D U A S U E B A O R I E P N U F I U C
S T A R T O Q E D R U N E F M H D O A R U
S Z V E L A D X X C S T Q X D T T Q E E O
E E A A W I L U R O T A R E G I R F E R C
R D J U S C A T T E R R U G R S C R E E N
D V I R A I A L S H I G H C H A I R D Y N
L E H O H D Q E R R N A S E B O R D R A W
P P S L J E L B A T G E L E T A G U E U F
S F E K N R D O M A G A Z I N E R A C K S
```

24

VEGETABLES

ADZUKI	ESCHALOT	PEAS
ARTICHOKE	FENNEL	PEPPER
BAMBOO SHOOTS	FRENCH BEAN	PIMENTO
BROAD BEAN	GARLIC	PLANTAIN
BROCCOLI	GOURD	POTATO
CABBAGE	GREENS	PULSE
CAPER	HARICOT	PUMPKIN
CAPSICUM	HORSERADISH	RADISH
CARROT	KALE	RUNNER BEAN
CAULIFLOWER	LENTIL	SAVOY
CELERIAC	MAIZE	SCORZONERA
CELERY	MANGETOUT	SHALLOT
CHARD	MARROW	SPINACH
CHICKPEA	MUSHROOM	SPROUTS
CHICORY	MUSTARD	SWEETCORN
CHIVES	OKRA	TOMATO
CRESS	ONION	TURNIP
CUCUMBER	PARSLEY	YAM
ENDIVE	PARSNIP	ZUCCHINI

```
E S S E R C C F N A E B R E N N U R R X T
P N D X I O H H T N A E B D A O R B S E O
C I L R A G C H I C O R Y V W S I U A R K
N S L M A X M T R C N G G O D R G N V I C
Z C C I U T S Y D D K C A R R O T W O V S
U O E N T T S H N S J P T T E H K X Y C P
C L P E R N S U A N P O E S C H A L O T U
C U C U M B E R M L Q Q Z A R B T R L V L
H O P S C A U L I F L O W E R U Z X P D S
I T U O J L D N E U N O L R O O D K A L E
N A M F M T N R I H Y O T T N A L E C Z M
I T P D Y Q J O I S A E E E N T L A V O F
V O K A S A V C H I U G R C L Z P J M N L
P P I T I E T T B D N A M E D E H E T N R
C I N Q T W S E A A P J H S R S G K O L W
W H L Y J M E E M R I L I L O C C O R B L
S Z A G E A V W B E M U S H R O O M J E J
P H P R E I I S O S E U P V T W A Y N E F
S I O E D Z H D O R N T I U N J P N O U L
O C N N A E C I S O T V N C E L E R I A C
O C E S R S N P H H O I R H A F W F U H R
Q E I I R T Y I O I A R U N A Z L R A E N
J H S I D A R K O R Q E T T N R N E Z T L
M R E P P E P S T O M A T O E O I N C G Q
S A D A S I R I S I I P U S L G A C R F L
H Y R E L E C U H N K S E F P L A H O N T
S F M R K H Y M A C D U H P S I O B O T J
F W R S O Y E L S R A P Z S L S N E B W J
N A I K C W E Q S D X S P D Y P K A F A R
M I E M U C I S P A C H Z L A A O N C Q C
D R U O G R E E N S T U O R P S M G R H T
```

51

25

HOTEL

ANNEX	GOLF COURSE	REGISTER
ARRIVAL	GRILL	RESERVATION
BALCONY	GUESTS	RESORT
BIBLE	GUIDE	RESTAURANT
BILL	GYMNASIUM	ROOMS
CARVERY	HOLIDAY	SAUNA
CHAIN	HOSTELRY	SERVICE
CHANDELIER	KEYS	SHOWER
CHEF	LIBRARY	SOLARIUM
COMFORT	LINEN	STAIRS
COMPLAINT	LOBBY	SUITE
CONCIERGE	LODGE	TABLE
CORRIDOR	LOUNGE	TAXI
DEPARTURE	LUGGAGE	THREE-STAR
DOORMAN	MANAGER	TOURISM
ELEVATOR	MINIBAR	WAITER
EN SUITE	PARKING	WAITRESS
FIVE-STAR	PORTER	WEEKEND BREAK
FOUR-STAR	RECEPTION	WELCOME

```
Q M E E C A A H P A Q L G Y N O C L A B N
D A S I K H G O L F C O U R S E Z S M O Y
O U H R E N L S I D A N X P V R Y S I H C
O I N O O L X H D X L M A L O E I T D O X
R R O T A V E L E P D N X K E R P A M A L
M L A Y D S B D B G O M E D U E T P T L I
A N U A S J A D V I T E E O C G L E L S W
N S P P I O E D T M A N T E U A O I R K E
M F O U R S T A R U B S R S I N B A A S G
C R I U U S V X Z I L U I N O A Q E Z S A
T O O V T R A E H S E I T D E M R S R O G
L D E L E Q D E P A R T U R E B J U P L G
E I G S W S J F B N R E D Y D R B I S A U
B R E K J A T S K M O X E N C N B T G R L
E R E Y X S M A A Y P T E R H H E E V I I
L O D G E M Z N R G L K L I B R A R Y U O
V C U H N Q X P W R E G I S T E R I C M K
E D I U G U U J A E H Y A A I F N C N T P
J X C O L O O C W H R E T I A W D H N A H
W D G S G V O L C L E I G E K T D A N C O
A A Y R B I B L E X X R L N Y I R N G O L
Q E I D P E D T J A D X R A C U E D N N I
K L N C N Z S M T T T G L O A X C E I C D
L Z H G P O Y G W H I I U T O A N L K I A
R E W O H S N M D R N F S E R M N I R E Y
F E U E E C I V R E S E U V S U S E A R E
N Q S C L N I X N E R Z E Y C T I R P G L
R O V O I C L W S S E R T I A W S D S E O
A C K B R G O P H T Y D L A R R I V A L B
V A A K N T C M J A G I R L O T D O W S B
O R F A I G U X E R Z E N C O M F O R T Y
```

26

PLACES THAT START AND END THE SAME

ABYSSINIA	COGNAC	NEWTOWN
ACCRA	DORTMUND	NORTHAMPTON
AFRICA	ENTEBBE	OHIO
ALABAMA	ESPERANCE	ONTARIO
ALASKA	EUGENE	OPORTO
ALBANIA	EUROPE	ORINOCO
ALGERIA	GETTYSBURG	ORLANDO
ANDORRA	GOTHENBURG	OSLO
ANGOLA	GUANGDONG	OTRANTO
ANKARA	KENNEWICK	OVIEDO
ANTARCTICA	KESWICK	OWENSBORO
ARABIA	KIRKUK	ROCHESTER
ARGENTINA	KODIAK	RUHR
ARMENIA	KURSK	SEYCHELLES
ASMARA	LIVERPOOL	SHEERNESS
ASTANA	LOWELL	TASHKENT
ATLANTA	MARKHAM	WARSAW
AUSTRALIA	MIZORAM	WICKLOW
CADILLAC	NEWHAVEN	WROCLAW

```
D I H W I C N O W E N S B O R O C T E A L
O R N B O W O E T E P L P T A S F M N N E
R E E E O N R G N L D O E V P L I O R T W
T T B T W H T T N T A A R I W Z B A A A V
M S W R C H H A L A M L T U Y I E N T R X
U E A S F W A S R I C E G N E E D K N C G
N H K I A S M V I I V V B E A O Q A E T R
D C I O P A P Q E K O E C B R L F R K I U
G O R T J D T A C N E A R R E I T A H C B
A R K J D N O Z C Q D S A P U T A A S A N
E U U K E N N E W I C K W K O H N S A T E
R O K B A C D I L S R Z S I O O R E T S H
Q A J Q S N F L A I S F L R C R L Y R R T
X A A M R Y A D I E A E E O U K N C F K O
W A L D B C T T A K Z E N A W K O H I O G
A U E A S Q E T S A S M A R A E U E K A N
S S Z C B H I A E A I X R A E T L L A K S
R T C T S A L B T G A B G B H E M L B Q O
A R K G L A M E N N F R E I Z T H E Y R T
W A L C O R W A G M Z R N A E O E S S S R
E L M O D C I O E Z O B T M L O I L S T O
I I I A N L L O A R R N I Q A I X M I V P
O A Z T A A G T I E Q N N A M R C S N T O
W J O E L V B N N E E A A A O A K B I X L
M R R G R K O A E N E G U E A W R H A E S
R R A O O C W R M H U G A I N A B L A O E
V I M D O T E T R W I C K L O W F R R M A
T G I N D U W O A K O D L N N T O R P O C
Q A I Y G R J T L Q L S C G V M M F I I C
K R T E C N A R E P S E L J H D N N T C R
H N X A O V I E D O X G N O D G N A U G A
```

27

"B" WORDS

BALLAD	BLOOD	BRONTOSAURUS
BALLGAME	BLOUSE	BRUNCH
BARRACKS	BOBCAT	BRUSSELS SPROUT
BARREL	BOBTAIL	BUCKLE
BATCH	BOLSTER	BUCOLIC
BATTLE	BORING	BULB
BEDRIDDEN	BOSTON	BULLY
BEFORE	BOYISH	BUNCH
BEIRUT	BOYSENBERRY	BUOYANCY
BELLIGERENT	BRAKE	BURDEN
BEMOANING	BRAVE	BURGER
BEREFT	BRETHREN	BURLY
BESET	BRIBERY	BURNISHING
BESTOW	BRIDLE	BURROW
BIOLOGY	BRIGADE	BUTANE
BLANKET	BRIGHT	BUTTERSCOTCH
BLATANT	BROCADE	BUTTRESS
BLEACH	BROCCOLI	BYPASSING
BLEW	BROCK	BYRON

```
N B Z T B B K Q B N L T A C B O B I E B B
E E K H F A B E O L O G Y G K K N W L D O
D R Y M L E H U A N P T K I B L O O D B X
D E M I B C R H H G R L S X Y T P C I U B
I R F B A W X E B H H O G O S H U T R L G
R T B E O A M V B U N Z D E B G B U B B A
D Z L V H A U L E R R A B L C I L O C U B
E B U R G E R F W H C L Q O U R E R Q N R
B E L L I G E R E N T L Y N U B B P T E B
P N L W B P K Z L A J I I B D D C S T U B
U A B A L L A D B N B J E H T U H S L H A
B Q B W A L R I O R E S U O L B L L A C C
P B F L T F B V B B U B B E W O Y E D T B
B N X B A I M S S R U N B H B Y I S E O O
E E Y X N F O U R A R C B H S N S H C B
L U I L T Q K A D B B G U H P E B U H S G
T T T R T E S E B J E O C G Q N U R Y R N
T D F F U O N Z T R Y I S Q U B R B Q E I
A Y N T T T J Z Z A O C B S Q E R Z B T S
B L F N B O R I N G I C D E E R O L H T S
B R O C A D E C P B J P C K F R W I V U A
A R I J R I Y R K Y B U W O H Y T A Q B P
B E E G R N J N I R R Y Z J L E L T S Z Y
B E M O A N I N G R A B P Y M I R B U A B
H U N F C D P B M Y V L G B V C V O U B C
S H N G K U E R I S E O E L K C U B F P M
I B L C S H P B S M L C B R O W U H P E V
Y Y O U H E R S F O U Z B R E T H R E N B
O R B J B U R N I S H I N G A N B A T C H
B O B Z X O I B H T O R A N E W Y F B P R
B N J Y B B E E A U Y R E B I R B V Y B B
```

57

28

STATE OF THE NATION

ANTHEM	FARMS	OCEANS
AREA	FAUNA	PLAINS
ARMY	FINANCE	POWER
CABINET	FLAG	PRESS
CLIMATE	FLORA	RACE RELATIONS
COMMERCE	GEOLOGY	REALM
CONSTRUCTION	HEALTH	REGIONS
COUNTIES	HILLS	REVENUE
COUNTRY	HOMES	RIVERS
CULTURE	IMPORTS	ROADS
CUSTOMS	INFRASTRUCTURE	SEAS
DESERTS	JOBS	SPENDING
DEVELOPMENT	LAND	SPORTS
DOCKS	LAW	STATE
ECOLOGY	LITERATURE	TOWNS
ELECTORATE	MINING	TRADE
EMBLEM	MOORS	WEALTH
ENERGY	MUSEUMS	WORK
EXPORTS	NAVY	YOUTH

```
S P E Y O Z W Z P Y Z H D X U A R Y D Y B
X O D A L L P M M C R A G I S S S N V H L
H W O F S R H R A I D W Z R M E A E A S Y
T E F A N W A T E F H Z G O S L T J A G Q
U R E J A O I C R S L D T E T U K Z R S N
O A O D E E O U A A C S S N O I G E R S T
Y B U E C L N U W G U O D M G L N T P N T
S S E M O H E O N C N Q P F V E O O D C G
Q K U G S N O I T A L E R E C A R G F O N
A W Y N T E S E V T L O R A R T S H Y N I
S Q Y L R R Y M I U E S B K S U T S E S D
A O A Y E U C O U N T I E S O L T C E T N
M R L X S T N A W E N S E I A G A L F R E
I T A N E A D W L E S A T E I V B G U U P
Y I C M D R X X T G A U W H I L L S M C S
S O S A F E A T F M K M M N I A A I D T Y
D A K S E T F A R M S N F I N A N C E I N
F F Q N B I U E A U D R O L P I Y E S O N
E P N I L L L F H E A L T H N P U F H N M
N R O A D S I L E S D G Y G D N J A L I E
V O X L S N W O T I E M B L E M Z U E W G
I N E P A S L R C F V Z I V N R O N N Y F
L O A X D O U A T B E D E B K E I A S R E
X O H S P C D L T E L R B S R E V I R Y C
L M D I T O T A F J O C H L S Y D Z V I R
E E E U T U R T E S P E L E C T O R A T E
W O R K R N D T H J M M I I F G A H N P M
N E S T A T E R S O E L I A M X S P T U M
S K C O D R A J Z G N A Y N V A R J H V O
U V D D E Y A H O Z T E I J N I T J E I C
S R O O M T B R T S T R O P M I G E M P D
```

29

PALINDROMES

BIRD RIB	MINIM	RISE TO VOTE SIR
CIVIC	MIRROR RIM	ROTATOR
DEED	MY GYM	ROTAVATOR
DEER BREED	NOEL SEES LEON	ROTOR
DEIFIED	NOON	SAGAS
DR AWKWARD	NOW I WON	SEE REFEREES
DUMB MUD	NURSES RUN	SENILE FELINES
ELITE TILE	OTTO SEES OTTO	SEVEN EVES
EVIL OLIVE	PARTY TRAP	SEXES
HANNAH	PEEP	SHAHS
HARASS SARAH	POOL LOOP	SOLOS
KAYAK	PULL UP	STAR RATS
KOOK	PUPILS SLIP UP	STATS
LATE METAL	PUT UP	STRAW WARTS
LEVEL	RACE CAR	TAHITI HAT
LION OIL	RADAR	TENET
LIVE EVIL	REDDER	TOP SPOT
MADAM	REPAPER	TUBE DEBUT
MEGA GEM	REVIVER	WET STEW

```
E S E E R E F E R E E S N P E A D J V N S
R S B H N W J O L D H E X Q B E H D O M T
O N B D Q E T D E F E R B I E A H E J I R
T M O I P O D B N N E E R D N L L W O R A
A E O W R D R P O L R D R N R S N H T R W
T G K T I A D O X Z R P A B E S K U R O W
O A A T T W N E X I U H S E R L B D X R A
R G Y E S S O V B P R E S D I E D S V R R
Q E I N P M I N I M V L A V D E E S X I T
A M H E K S C L Q E E I E E I M A D A M S
X Q E T D S E N O C E B F M O M E E R W
P P G B A S O E N I V U I R S B V T L C S
U V I S L R V H V I T E V I L O L I V E E
T E L I T E T I L E D T Q L U N R E X E N
U J P B S D C Z L I O N O I L I I E Q K I
P U T O H D V U N Q F L E P S S S R O B L
P S J O R E H L W H F S E E V L A O X E E
L A T T P R Q A U E H L T D Y D K N E V F
A G A T V S D J R E T O V A A K E O O N E
T A H O L T P R A A V S T R R V O I R U L
E S I S P E P O A O S I T P R R G A R R I
M S T E T Y V R T W W S O E P G A A L S N
E L I E U G O E O J K O S A W Q R T C E E
T O H S Q C S T L T L W R A S O L O S S S
A K A O K I R O Q L A T A U R D N I E R K
L Y T T R A A A O D Y V M R U A K P S U V
S T A T S V Y O C T S Y A M D A H H D N V
S W O O N K P A R E G V B T O S A X F C E
I F Q R N Z D A K Y C M Y N O H E T W E F
Q P U L L U P D M A U A E K S R K R D D I
V E R E P A P E R D N Z R U R E V I V E R
```

30

BAD

ABOMINABLE	EXECRABLE	ODIOUS
ADVERSE	FIENDISH	OFFENSIVE
ATROCIOUS	GHASTLY	PERNICIOUS
AWFUL	GROSS	RANCID
BALEFUL	HATEFUL	RASCALLY
BANEFUL	HEINOUS	REPREHENSIBLE
CORRUPT	HELLISH	ROTTEN
CRIMINAL	HIDEOUS	RUINOUS
CURSED	HORRIBLE	SHAMEFUL
DAMNABLE	HURTFUL	SINFUL
DEBASED	IMMORAL	SPITEFUL
DECAYED	INFAMOUS	TERRIBLE
DEGENERATE	INJURIOUS	UNDESIRABLE
DEPRAVED	MALICIOUS	UNPLEASANT
DESTRUCTIVE	MISCHIEVOUS	VENOMOUS
DEVILISH	MONSTROUS	VILE
DISAGREEABLE	NASTY	WICKED
DISHONEST	NAUGHTY	WRETCHED
DREADFUL	NEFARIOUS	WRONG

```
R R L H A Q H Y L L B I L L U F E L A B W
H O R R I B L E U I M N X J Q Z M L A B D
M T T U M L O F D I C N A R B E Q I N V E
O W K T A O E M U S N H D T P U R R O C Y
N C I C E N N L I I J E S E Z K W Q X A A
S F S C A N U I V N S U S I S S O R G L C
T A Q B K F E D Q T A U Z C L A F Q O M E
R L M X E E A Q R S O B X C J L B B E N D
O F K M C M D U U M S J L P L C E E T T G
U W A A N S C O O U H A L E U U I H D N N
S H Y A Z T I N O F D U D O F N H D T T K
S E B F I C E I G V F I S W N M Z D S T R
E L M V I V R Z E D S E A R I Q D T E N A
E O E N S U O R A A W E N S S E W D N A U
R A R R J D S E G G L I C S V A S E O S C
E E U N I E R R X B J H A A I A X Y H A A
P O I O K D E M A P I H R T N V F E S E R
R E U Z S E E R A E J P E Q R A E O I L C
E S L U A J I G V L E H E I N O U S D P K
H K R B I S U O E D I H E X C R C G U N S
E N L J E X U U K N S C L L E V T I H U E
N E P D S S J L G S E W I A B C M S O T O
S L N K Y Y L H H V U R T O N I R R H U Y
I U A X E U O S A P X O A T U I R A L G S
B H K R F P S I S C L N M T S S M R B V J
L Y C E O G H D T W B E Z A E U E I E L V
E A T U K M Y N L Q C A S N F O O N R T E
A A W S R I M E Y D V U H F L N C N O C E
H F G F A S P I T E F U L D E V I L I S H
V I L E U N E F A R I O U S L U F T R U H
H J P Y Q L F D E H C T E R W X E R X W R
```

31

GARDEN CREATURES

APHID	GALLFLY	RED ADMIRAL
BLACK BEETLE	GNAT	RED ANT
BLACKFLY	GRASSHOPPER	ROBIN
BUMBLEBEE	GREENFLY	SAWFLY
BUTTERFLY	HEDGEHOG	SHREW
CABBAGE WHITE	HORNET	SLUG
CARROT FLY	LEAF MINER	SNAIL
CATERPILLAR	LEATHERJACKET	SPARROW
CENTIPEDE	LILY BEETLE	SPIDER
COCKCHAFER	MAYFLY	SPRINGTAIL
CRANE FLY	MEALY BUG	SQUIRREL
CRICKET	MILLIPEDE	STARLING
CUTWORM	MOLE	THRIP
DAMSELFLY	MOSQUITO	THRUSH
DRAGONFLY	MOUSE	WASP
EARTHWORM	ONION FLY	WEEVIL
EARWIG	PEA MOTH	WHITEFLY
FLEA BEETLE	PIGEON	WOODLOUSE
FROG-HOPPER	RABBIT	WREN

```
K T C H E W U G R A S S H O P P E R C M F
D O I N O H S S J N F P F L Y G Y W O T P
S T A R L I N G F H W S A B E L G B C O T
C I E A R T H W O R M C R R F M U V K L S
V U I T E E B J G M E J Y N R C P M C A R
E Q V N R F G Q Y N X L O B H O K A H R L
T S R D X L E I T U R G U E P N W V A I E
I O S T M Y S I R A A H D D E I Z Y F M R
H M A V K I P M L R W G B R U O A L E D R
W G W V M E R L D W E R H S K N U F R A I
E I F O D O I F B H V Y K U D F N E H D U
G W L E W P N P O T E O L H L L Y N L E Q
A E Y T R O G G S X D F V F H Y S A S R S
B H U E C B T V J S E V K R K F K R C L Y
B C T E A T A Z P V P Z K I E C V C U H L
A A Y Y L R I X T Z I Z J N K D A G X S F
C W E E V I L I L E L U G C H B A L X L T
W A L I L Y B E E T L E L I A N S N B Q O
R U Y R Z B I M A H I A E A R W I G T E R
E F X Z A S J Z T F M M R B T B B Y Y L R
N T H R I P Y Z H F M T E E B U L L G T A
O H J H Y I X U E W O I K A M F F H H E C
E R B W L D T M R I R F N B L L S T O E R
G U A O F E V G J L N T L E L Y O R J B I
I S P O R R N O A Q D E S A R M B F S A C
P H H D E A K T C P B M G D A J B U G E K
M O I L T R U W K E A F E E F R X D G L E
T O D O T Y O T E D R E P P O H G O R F T
N T U U U L G B T Y L F Y A M N X E J O Z
K Z B S B H P O I G C C J Y L F N E E R G
P X Z E E V K U N N B L A C K B E E T L E
```

32

ROCKS AND MINERALS

AGATE	FLUORITE	PYRITES
ALABASTER	GALENA	QUARTZ
ANDESITE	GNEISS	RED MARL
ANHYDRITE	GRANITE	RHYOLITE
ANTHRACITE	GRANOPHYRE	RUTILE
AUTUNITE	GRAPHITE	SCORIA
BASANITE	HORNBLENDE	SEDIMENTARY
BLOODSTONE	IDOCRASE	SERPENTINE
BORAX	IGNEOUS	SHALE
CALAMINE	JASPER	SLATE
CALCRETE	JET	SODALITE
CHALK	KANDITE	SPAR
CHERT	LIGNITE	SPINEL
CINNABAR	MALACHITE	TRACHYTE
COAL	MARL	TUFF
CORUNDUM	METAMORPHIC	URALITE
DOLOSTONE	OBSIDIAN	WURTZITE
EMERY	OLIVINE	ZINC
FLINT	ONYX	ZIRCON

```
M G M E O P R E T I Z T R U W S N X L H O
U R N W L I G N I T E U O I S U O E N G I
D A N E L A G Z R T T I C T M M P M L R G
N N N C L Y H A X I B E T E R C L A C X I
U I K T L B U S L L V A T X Z Z I R C O N
R T R T H Q D E K I P A E I A Y E E X D L
O E E H O R N B L E N D E E H D U D J S S
C Y K S Y A A Q T O O K L R S P V M F E E
I M R Y F O L C G Z X A R O B S A A T B T
G V Y A P K L T I N I L N S L F F R E A I
E P U D T A N I S T E N L S I Q F L G S R
T S R G E N L U T G E A C N O I O U Z A Y
I E A S M D E N L E T O O C M D E R T N P
R W L W U I N M T E R Y H P O N A R G I V
O O I S H T I P I I D A S T G C U L E T A
U E T U P E P A A D L A L A O C T B I E N
L V E A N V S X J K E B S Y E D U W O T D
F K E N I T N E P R E S S S I E N G Q K E
Q X M T N D O N A B J A M H B Q I E H F S
Q E D I H L O W M V A U S E N R T T O C I
A E L N I A Q C A M I E E Q N R E I Z E T
X F L V M E T I R D Y H N A E I Z H S T E
D U I J A S P E R A O G E N C T M C N Y I
E N O T S D O O L B S A E A I X S A F H N
E M F P F X D P Y E A E A I N E R L L C B
A L A B A S T E R I I Y B D N T E A E A T
O R C Z O R H D T R L S J I A E L M E R C
N L H R A H I V J A K N Y S B E M O E T D
Y R E T J G A N L Q G G G B A I X J L R Q
X A R R F F Q E M E T A M O R P H I C M Y
R M T D O L O S T O N E F X E D T T P R C
```

67

33

ROCK AND POP GROUPS

ANIMALS

ARGENT

BAND AID

BIG AUDIO DYNAMITE

BLACK BOX

BOSTON

BREAD

BYRDS

CACTUS

CHICAGO

CRICKETS

CROSBY STILLS AND
   NASH

CURVED AIR

EUROPE

EXILE

FALL

FREE

GENESIS

HOLE

HOTLEGS

JIGSAW

KISS

LETTERMEN

LINDISFARNE

MR BIG

NIRVANA

NO DICE

OASIS

O'JAYS

PENTANGLE

PHISH

PRODIGY

RAMONES

RUSH

SHERBET

SKID ROW

SKIDS

SLADE

SMURFS

STACKRIDGE

STEAM

STYX

SUGAR CUBES

SUGAR RAY

THE BEAT

THE CURE

THE WHO

TINY TIM

TOTO

TRAFFIC

VANGELIS

VAPORS

VERVE

WAILERS

WET WET WET

WINGS

YELLOW DOG

```
R W F M E O I G I O Q D W E T H E B E A T
E L O H M H T V I C B O S L A M I N A V C
Y U L D R W R L Y O V D S K I D X T O A O
F A N T D E T N E G R A G E U B N J C T G
X I N E H H M D L T S R N T I N Y T I M A
R X X F T T A S L V T A I G O C U R Z F C
Z A H O I T E P O R U E W N E S X A D Z I
L O R S D D T E W S S Z R S O L R I H S H
I F S E A U S N D A I K S M T T I P S F C
N A W L T N R T O H Q S D Y E E S S U R L
D Z S Y O I D A G D O Y E S G N K O R U E
I N Y Q H A L N S S O T A N K I I C B M N
S I S A O A N G A N E X L R E K D R I S N
F R Q W S E N L A S R O I E R G S O R R U
A V N Q E O T E E F L K R A G A U T R E C
R A V R N M I I E H N L M A Z S G E Y P U
N N J X R O X L M L R O I N T K A U D X R
E A E B N T V Y R A N I T T D A R O S O V
S K I D R O W F J E N Q J T S Y C P F E E
J G E W E T R T S X X Y B R V Y U L R K D
B M N R N E D E O C O P D T W V B V I S A
R D V D U I Q B V E R N L O A L E S T N I
S S S T A C K R I D G E O P I O S F O W R
C E R D U C E E H P J J O D Y D Q L E R K
T E N E A S T H F R A R V A I P U T Q T C
J A A L L R H S T Y S G J E Z C W A T P W
B I B Q F I O E S B U R D R B E E T G H R
U U G B T R A F F I C S R B T I B R L I G
N C S S D X R W R S X A U W F E R L R S B
O X C R A E W B L U E Z E J S K A D E H A
E L I X E W L D G I B T F R Z F L D B O T
```

34

Tools

ADZE	GREASE GUN	ROLLER
AUGER	HACKSAW	ROTATOR
BILLHOOK	HAND VICE	SCALPEL
CHAINSAW	HANDSAW	SCRAPER
CHISEL	HANDSPIKE	SCREWDRIVER
CHOPPER	HATCHET	SCYTHE
CLEAVER	HAY FORK	SECATEURS
CLIPPERS	JIGSAW	SHAVER
CORKSCREW	JOINTER	SHEARS
CROWBAR	LOPPERS	SHOVEL
CULTIVATOR	PENKNIFE	SICKLE
DIVIDERS	PINCERS	SLEDGEHAMMER
DRILL	PIPE-WRENCH	SPADE
ELECTRIC SAW	PITCHFORK	SPRAYER
EXCAVATOR	PLANE	STAPLER
FORCEPS	PLIERS	T SQUARE
GIMLET	POLISHER	TROWEL
GLASS CUTTER	PRUNING KNIFE	TWEEZERS
GOUGE	PUNCH	WOOD SAW

```
Z W Q Y I A P D E X B O S Y X O Q E M O A
O S A E R R K D P Z E D A P S I E S R L U
S C T S C L E S B R D E E I N A I N U V E
R A O A K I E T O P U A X T Q C J D R O M
U L Z I P C V T T R I N P E K N K O Q J D
E P M S T L A D R U O P I L Z A R L A I K
T E F L T T E H N O C T E N J O I N T E R
A L E O O I A R S A W S A W G W A S G I J
C U E R F K D U R E H E S V R K A U A U R
E L E C T R I C S A W L L A I E N N G T I
S D S V S R O T A V A C X E L T N I S W R
N F I F E W A S N I A H C K V G L C F E E
T N R N A V K O O H L L I B Q O N U H E Y
R E U S H N T E L M I G L E S I H C C Z A
H E D G D S T Z R A E A U G E R E S L E R
D A H L E G L A N M I Z Z S R F H A I R P
V W Y L C S B E G A I K J T I Q E X P S S
A E L F O W A E D O A P R N S C R A P E R
I R C H O P P E R G C E K O T X A I E L A
K C V R L R P J R R E N K V F M V G R O L
D S C I T E K E P G E H Z I N H L E S U I
B K E D H T R S R P H V A S P E C R O F O
U R I T S D E W R S O E A M G S P T G G Y
S O Y L H G I H A A E T U E M O D R I L L
D C K O A N L V C S E R I S L E X N V P E
S D E R V B T Q I T D H A I R C R E A A G
N N R O E A Z C W D A O S U E E Z E A H U
O F P L R P M E N G E H O S Q H C N U P O
E N A L P W L T U U E R E W A S D N A H G
Z T H E T M A Y L R J M S P V O T S I I A
D L X R R T H S C R E W D R I V E R E P M
```

35

NARNIA CHRONICLES

ALAMBIL	DWARF	RAMANDU
ANIMALS	EDMUND	RHINCE
ANVARD	FATHER CHRISTMAS	ROONWIT
ARCHENLAND	GENERAL	SHASTA
ASLAN	GINARRBRIK	SHELTER
BATTLES	GLENSTORM	SHIFT
BEAVERSDAM	GRYPHONS	SOLDIER
C S LEWIS	GUIDE	TELMAR
CALORMEN	JILL POLE	TIRIAN
CENTAUR	LONDON	TISROC
CHARN	MACREADY	TRAIN
CHILDREN	MAUGRIM	TREACHEROUS
CLASSIC	MIRAZ	TRUMPKIN
CLOUDBIRTH	MR TUMNUS	TUMNUS
CORIAKIN	MYSTICAL	UNDERLAND
COUNTRY	NARNIA	VARDAN
DARRIN	OREIUS	VOLTINUS
DAWN TREADER	PROFESSOR	WARDROBE
DESTINY	RABADASH	WORLD WAR

```
K D E K U R E A Z S Z M M T B D A U W P A
I E S A R Z D Y O A V E A R V X E J T T K
R S L S I A X R T T R D A Z K T Z P S N A
B T T S V N C S L E W I S A O E R A W O M
R I T A V A R D A N T U M N U S H R N A E
R N E M R O L A C O I M C I S S A L C R E
A Y T I D N A L N E H C R A Z M O R R B G
N N J M H T R I B D U O L C A N E O O L L
I D I Z R O C M F E D M U N D A O R Q R E
G G K W T O A D A J J Y D O D N D D P H N
V N C R U U E S T C E U N Y W R O M W O S
S L A N G R Y P H O N S O I A W I A L M T
L I T R O L E I E S D E T W W H N O N Q O
N R I D H C L V R G E A Y Q N V E A T S R
Y M F R N D F S C T A S R L A N I K I U M
N Z J I R J J E H Q U N I R I R R R S O T
I R H E U L Z L R N H T D N I B C E R R N
S R N D R S R T I D C E O T J N M D O E T
S B A B R S R T S A N I M A L S S A C H S
L E V W V Q L A T X C N D G F T L E L C H
X A O O D O Y B M H R A M L E T X R M A I
N V R X V L M E A R E R V T R Q R T H E F
H E D E O H R R S D N D O X O M E N N R T
R R N V N N O I O R E I U S Y T W I T J
E S A D P E Q U W L U O N B S S L A K N I
I D L Y W B G E K X A H T I E T E D A Z L
D A R A B A D A S H T J E A F I H L I E L
L M E T W G R W D N N O E P O C S F R M P
O A D S R U F F W M E Z H B R A O U O J O
S U N M U T R M T D C F H O P L E W C K L
N S U I O B U E V N I K P M U R T P E I E
```

36

COFFEE

AMERICANO	ESPRESSO	MACCHIATO
ARABICA	ESSENCE	MEXICO
AROMA	EXTRACTION	MILL
BARISTA	FILTER	MOCHA
BEANS	FRENCH ROAST	MORNING
BITTERNESS	GRANULES	NOIR
BLACK	GREEN	ORGANIC
BODY	GROUND	PERCOLATED
BRAZIL	GUATEMALA	PLANTATION
BREW	HOUSE	RISTRETTO
CAFE AU LAIT	ICED	ROASTED
CAFETIERE	INDIA	ROBUSTA
CAFFEINE	INSTANT	SMOOTH
CAPPUCCINO	IRISH	STRONG
COFFEE POT	JAR	TABLE
COLOMBIA	JAVA	TASTE
COSTA RICA	KENYA	TURKISH
CREMA	LATTE	VIETNAM
DECAFFEINATED	LIGHT ROAST	WHITE

```
B A Y N E K B K C R O A S T E D X T L O U
I A X H A Q Z H U O W R D P V G A Q P T Z
A F C I S T I A L U A E F A C S T H H T C
N I D I O I N M L Y I T T D T A I T Y E B
S N Y L B E K L O D I L M E T V V B B R T
I Z G A E A I R G R K I E G V P A Y A T U
G Y K R B M R P U G N F B T M A Z Z E S H
L I G H T R O A S T K I H F J K I W H I B
G R A N U L E S U H S C N H Q L X M C R P
F V T O H S I R I X D E M G T G J W O Y L
E R R V B K S P E B C D B O W L Y E F K A
I N S T A N T E T S A O R H C N E R F L N
S K S M D V M R N D L Y H X G H M B E E T
C R E M A E K C H R C L B E T B A P E C A
E S P R E S S O T S E A O A R M G S P N T
E R H C A H G L O N A T F W R I H Q O E I
D I G M G N M A O A M T T F W I O E T S O
E R O G O C Q T M C E E R I E F S N D S N
C R O R R Z H E S I R W H W B I Y T T E A
A Y T B A O D D W R I H C E M F N O A I I
F S E C U B U K Y A C I T I H E T E B R O
F I R S W S L N A T A T Z T N A X M L F N
E B E I S V T L D S N E O L I A O I E C I
I O I D Y Z A A R O O C K H W L G X C B C
N D T H F M K O Z C V M C Y O L T R L O C
A Y E X E M M B S I H C O C D C L A O I U
T J F T G B N E N A E O B O O C X N W P
E K A P P N P T O M W Y E Z I K K O T I P
D U C V M T N E X T R A C T I O N W R E A
G I K R A A T Q N E N C N J B R Y A N I C
Y U G R M H J A B S T M V W U L J Q X R G
```

37

"WHITE" Words

ALDER	FLAG	PAPER
ANTS	FLOUR	PEPPER
ARSENIC	FOX	POTATO
AS A SHEET	FRIARS	RABBIT
AS SNOW	FRITILLARY	RICE
BEECH	GOLD	RUSSIAN
BIRCH	GOODS	SATIN
BLOOD CELL	GRAPE	SAUCE
BREAD	HALL	SHARK
BROOM	HEAD	SPIRIT
CABBAGE	HEAT	STICK
CAMPION	HEATHER	SUGAR
CEDAR	HORSES	THISTLE
CHRISTMAS	KNIGHT	WASH
COLLAR	LIES	WATER
CORPUSCLE	MAGIC	WHALE
DAISY	MEAT	WILLOW
DWARF	NILE	WINE
ELEPHANT	NOISE	WITCH

```
D B H T O D X I Z S M T B H I H S T Q S W
W E S R Q D L V D I D Z S C S E E R S C O
O E P A R G I K R U I I D T Y T F A A N L
N L F D T N M J D L X V O I K E G L D A L
S H S N E K A O N S B H X W S S E L U H I
S U E Q K R I I T V N L V S D T M O Y I W
A I G G E H U A S A Q V O S S X E C M J V
N G E A C Z B L P S T A A O D T A I I E L
M R R R R U R I I U O K N D I T S M K F
N P I O O S E N O C O R P U S C L E J M S
X B Y M D T V D A O A G V G T P E I L O V
P O D Y A Z P M L H M H A L L A I L E X W
W A F W E R P D S A V I T Y H Z N R L T L
D R K E K I S H Z H C E E B T V S T I C K
T E S F O R E N Y P H B W N V A X F S T C
T P A N A A S A B R A O A B C X E N S G N
T A F I T O T S O E A H Q Y S I A D C Y E
G P R H S A W A T K P L N J E G O O D S G
I F E L M D S S N E F Y L Z D C M B W B A
L R E S I O N H L R N E S I N H I U B U B
G J C I T E E E M H L M B E T I R R E G B
S Z U E O O E E R W S A H V C I E Y K P A
A R A E G N Q T N H A Y I I S A R N L G C
R J S S I L N O L M M O N W D T I F L A G
D G N W C D I L E N T E D Z R G E E O E T
T T V D I L T E L T S I H T H R E P P E P
S B O S G H O Z W R I F A T X O A O O Z E
A L G V A S K H A N R E L S X U R B M M K
T Q O N M R A Q I A H H R O B I N S B Z Z
I A L V J L I L L W R C S Q Z U C U P E I J
N B D X E C E D A R W V N E X R E G I S T
```

38

CARTOON CHARACTERS

ANGELICA PICKLES

ARTHUR

BAMBI

BAMM-BAMM

BART SIMPSON

BATMAN

BEAVIS

BETTY BOOP

BLOSSOM

BORIS BADENOV

BUTTERCUP

CHARLIE BROWN

DANGERMOUSE

DEPUTY DAWG

DILBERT

DONALD DUCK

DONATELLO

DROOPY

DUMBO

ELMER FUDD

ERIC CARTMAN

FAT ALBERT

FELIX

FRED FLINTSTONE

GARFIELD

GEORGE JETSON

GEPPETTO

GOOFY

GUMBY

JERRY

MICKEY MOUSE

MOWGLI

MR MAGOO

NATASHA FATALE

OLIVE OYL

PINOCCHIO

PLUTO

POPEYE

PORKY PIG

RAPHAEL

ROAD RUNNER

SCOOBY DOO

SMURF

SNOWY

SPACE GHOST

SPIDER-MAN

SPIKE

STIMPY

SYLVESTER

THE GRINCH

TIGGER

TINTIN

TOM

TOP CAT

WINNIE-THE-POOH

WOODY

WOODPECKER

YOGI BEAR

```
M B M G I P Y K R O P D L E A H P A R B O
B R E B W D E S U O M R E G N A D Z D P S
M H X T E A O I S D X D E P E B O T X N G
Y O N K T A S N R T I N G S U A H L O L D
C S W H Y Y V T A U O L T Y T T O W U W G
A H A G Y T B I I T H P B I Q M Y V Q G M
O E A O L B X O S M E T C E R A H D R M O
L R B R A I M A O Z P L R A R N S T A B N
L Z W L L O I U L P P Y L A T T O B M W L
T N Y E O I U N G G E R Y O K W M U G T G
F O F S W S E L Y I G H P K O M D B I E P
R S O N P C S B R Z Y T N O A O B G L B E
E P O A R I I O R P I O D B P G G A I M B
D M G M S I K T M O S Y E W O E T P M J O
F I E R B G N E S T W O O G R A Y A U B R
L S P E O Y M J E O I N X G F S N E M Y I
I T P D A B G J O H H E F A I G I P G J S
N R E I U U E D C F V G H W E B H W P M B
T A T P U G P C T R K S E L X C E X U I A
S B T S R E O D O P A A I C N N B A C C D
T Y O O C N L A M T L C E I A T Z L R K E
O Q E K I E D M A A A U R M R P D S E E N
N G E P I R R N B P J G T E P D S Y T Y O
E R H F U M P P I F E R B O U M S L T M V
E K R N A K R C M H A L J F K R K V U O D
F A N G U P K T T C A Z R E Z N I E B U R
G E O G W L B U C T B E L U R I I S W S O
R O D A E N N I A S M G I V D R H T F E O
J P X S M U R F O L I V E O Y L Y E N F P
W I N N I E T H E P O O H X W X T R F I Y
K C U D D L A N O D H O O D Y B O O C S T
```

39

Varieties of Cauliflower

AALSMEER	COLOMBO	NAUTILUS
ADMIRABLE	DALTON	NEEDLES
ALVERDA	DEAKIN	NESSIE
ANDES	EMERAUDE	NOMAD
ASTERIX	ESMERALDO	PATRIOT
ATIVE	FARGO	PAVILION
AUBADE	FASTMAN	PLANA
AUTUMN GLORY	FLAMENCO	PREDOMINANT
AVALANCHE	GALLEON	RED LION
AVIRON	GRAFFITI	REGATA
AVISO	GYPSY	SKYWALKER
BARCELONA	KESTREL	TALBOT
BEAUTY	LINDON	TRIOMPHANT
BELOT	MARMALADE	VALTOS
CAMERON	MAYFAIR	VERONICA
CASTLEGRANT	MAYFLOWER	VIDOKE
CHEDDAR	MINARET	VIOLET QUEEN
CHRISTINGLE	MINNEAPOLIS	VIOLETTA ITALIA
COLLAGE	MOBY DICK	WHITE ROCK

```
V D A R O N E E U Q T E L O I V I S O K D
A S T E R I X E R Y R E K L A W Y K S A A
V V R M J T N A R G E L T S A C R O M A Y
O I I E J E J S J T S R Q Z Q K R O G L K
D C O S W W H Q O C H R I S T I N G L E R
E N M L O T V I E O A O K E U Z L A C D P
A O P M E E R D S D E N C C F S R Z M A H
K I H C N T X V D S U N J N I E H D K L F
I L A B A Y T E U L L A A K E D K K H A O
N D N P T F H A A B C X R M E M Y F Q M P
Y E T U U C N J I S T A S E K S A B U R A
G R A F F I T I U T E L S A M R T L O A V
H E G A F K V L E S A S H W G E H R F M I
B R R S X L I I G A L L E O N U P W E R L
W C D T T T S D O T U I Q U X K H E L I I
S C I M U S P O U O R K Y A N V X W R F O
J V H A E X L Y U W K M Y O E Z O X I I N
M I N N E A P O L I S E R R M L T C A M W
E L B A R I M D A D T E O Q F U T L F W T
J O R K E R N I K O M N C Y O G N C Y I J
E N I V E E N L B A I N A O D A A O A O L
D X I M B G C L C C O M Y E L R N W M I K
V T H M D A A S A D F O F Y A O I T E M C
A V X A U T U M N G L O R Y R G M C Z N O
L N E T O A U I D M J A S T E J O B Z O R
T S D V O Y L X A U Q P L W M E D Q O R E
O N E E D L E S L S Y F E V S O E H P I T
S I Z B S T E T T G A N O L E C R A B V I
C O L L A G E B O X U A O J V R P Z T A H
A U B A D E M I N A R E T E W R D R A O W
J D E H C N A L A V A S T L P A N A L P L
```

40

Stop

ABOLISH	EXTINGUISH	QUASH
ABORT	FINISH	QUIT
ABROGATE	FORBID	REPEAL
ANNUL	GIVE UP	REVOKE
ARREST	HALT	SCRAP
BLOCK	IMPEDE	SCRATCH
BREAK OFF	INVALIDATE	SET ASIDE
BRING TO AN END	KILL	SHUT DOWN
CALL OFF	LAY OFF	SOJOURN
CANCEL	NIP IN THE BUD	SPLIT UP
CEASE	NULLIFY	STALL
CLOSE	OBLITERATE	STAMP OUT
COMPLETE	OUTLAW	SUBVERT
CUT OUT	OVERTHROW	SUSPEND
DESIST	OVERTURN	VACATE
DISSOLVE	PACK IN	VETO
DO AWAY WITH	PREVENT	VOID
ELIMINATE	PROHIBIT	WIND UP
EXPUNGE	PROSCRIBE	WRAP UP

```
R F H T I W Y A W A O D U L T U F U V W K
E C Z T Z O E M P K W L U W B E S O L C E
U X L D D T N U P F F N Y N D Z G T C Z N
S A P O P E N P C L N F E V L O S S I D W
H I I U V V U F N A N Z O F P U E P N P S
P E X F N E L W I A N P R L X T N L A U T
W B K D V G R S V N I R N P L L X I R D U
P I D I V R E T U R I U L R R A R T G N O
T R G E L A U G H T T S S R U W C U Y I P
U C O K S L C P D R W N H X O O Y P E W M
H S N H A I Y A E V O X U V Q Y J B J E A
S O R M I F S V T B Y W E I C U T O U T T
A R D R I B B T S E R R A F D N E P S U S
U P L L X U I A R B T D X G I E M R E B Z
Q W L P S K H T A U I G N W O D T U H S X
D U R A A S I J R B R C X S K E C V E I D
N V I A Y C G N R F L O A P Q P D I J E V
E K V T P O K O Y P X S R F Z M Z I S D H
N O B K D U F I D U B E H T N I P I N I H
A L O I R V P F N X V M P O A R O L A S H
O B L I T E R A T E T X D M L O T B I A G
T L R C K M E Y N E B P R L R E O S T T O
G A D E A B T T E X I J A X S L S A D E X
N E S F A J A J C T B T F R I A C A C S E
I P K M P K G E O I S O L S C T R C E P G
R E V O K E O X L N W C H P F S A S V C T
B R U C I X R F C G Y M Z X B N T V V R Q
H F O M M T B O F U T W H T C Z C X O B O
E L I M I N A T E I N S V E O S H B T I O
B E T E L P M O C S N U L Q M W A T X R D
A M G D K N Q E C H X E T A D I L A V N I
```

41

SCHOOLDAYS

ALGEBRA	GAMES	PENCIL
ASSEMBLY	GEOGRAPHY	PHYSICS
BELL	GERMAN	PUPIL
BLACKBOARD	GREEK	READING
BOOKS	HOCKEY	REGISTER
BULLY	JANITOR	SATCHEL
CHEMISTRY	JUNIORS	SCHOOL HALL
CLASS	KIDS	SCIENCE
COOKERY	KINDERGARTEN	SECONDARY
CORRIDOR	LABORATORY	SHORTS
DESK	LATIN	SICKBAY
DETENTION	LESSONS	SPORT
DINNERS	LIBRARY	STAFF
DRAMA	LITERATURE	STOCKROOM
ENGLISH	MARKS	TEACHER
ESSAY	MUSIC	TENNIS
EXAM	NOTES	TESTS
EXERCISE	OUTING	TRUANT
FRENCH	PASS	UNIFORM

```
F P L X K E S S I T R S B E G X L D K Y R
G L S P J S S E C O N D A R Y F R E N C H
T E A K L O E E S B L A C K B O A R D U K
A S T B U R S D E X A M U L R J A Q N Q H
S S T A O E C A A E S T T R A I O E S Y L
R O M O O R K C O T S M Z R T S T B E R L
I N R J O F A W R N E A U T O R S O M E A
I S E A B R K T X A M P L T A P E O U K H
D E H F I O C T O O B C N G O Y S K S O L
A A C R P T L Y Q R L E R N E U L S I O O
R X A B N I S I R L Y E A I H B T L C C O
Y K E O A N M T C A D M E E M J R I U S H
Z T T E O A X R S N R A P Y I N X A N B C
G E V E V J H S I E E B I H A W L P I G S
S W D E T V E K G H T P I O Y I G V F Q R
H Z E Z L P M P K D Z L D L G S N Y O R O
P R T K L N E R U T A R E T I L I O R G I
C C E X E R C I S E N L T E G N D C M A N
T U N W I E V W R E E M E S B R A R S M U
A R T N G I A T R A C A S T R D E J B E J
C G I F Z S N G D C O N C K E E R G N S G
H O O G P S I C S B X E E O O N N N N E R
E I N Q A D G C G E R C H I R U T N E L E
M E E J A A I G K J E S N A C R A C I R T
I O O Y E K C O H B I U L G S S I K I D S
S S F F A T S Y K L A N I A M A R D F M I
T T T N R H E N G K U Y P C Y T D C O A G
R I R O O A I N M E T M U A N E L B I R E
Y P P R E T E R N B Y H P A R G O E G K R
R Q T B A O M S T I P V N D H I T L L S D
Q S S L E H C T A S S F L N U Z D L E O I
```

42

CLASSICAL MUSIC TITLES

ANTAR

AUTUMN

BABI YAR

BLANIK

BRIGG FAIR

CARMEN

CARNIVAL

CAVATINA

DON JUAN

EGMONT

EMPEROR

EN SAGA

EROICA

EVENTYR

HAFFNER

HAMLET

HAYDN VARIATIONS

IBERIA

KARELIA

KIKIMORA

LA MER

LE CHASSEUR MAUDIT

LENINGRAD

LINZ

LUONNOTAR

MA VLAST

MACBETH

MANFRED

MARS

MAZEPPA

MERCURY

MESSIAH

NEPTUNE

NEW WORLD

NIMROD

ORPHEUS

OTHELLO

PARIS

PASTORAL

PATHETIQUE

PAVANE

PRAGUE

REQUIEM

SAPPHO

SARKA

SATURN

SPRING SONG

SWAN LAKE

TABOR

TAMARA

TAPIOLA

TASSO

THE CLOCK

TINTAGEL

TITAN

VENUS

VLTAVA

```
T M P V M R S D L R O W W E N U T P E N R
N T S L R T G Z V I N Z B M T F Q I X G O
O T R T A S L N I R M A V E D A K Z T R L
M A P A T H E T I Q U E L M R K B N X A S
G A F V O R C L K X T M O O E R O I C A N
E Y O A N O H R O B A T M H I R S L J E M
L A V I N R A C U H T I B G P P C J Q L N
L X V M O E S K S K K V G D R P A U A S D
G X F A U P S L C I N F A I S A A T R M O
L E R C L M E Y K O A V N S F A S S A Y I
E Z A B A E U Q X I L G U N T J T Z I U N
N D O E S R R E R A S C O R P H E U S E R
I N Y T N S M B Z O S R E A K P D L R I E
N V O H M R A E N L O S N H P A U O N N N
G M T S I S U G N U C A V A T I N A Z T F
R S U P V L D J D G S K X E A Q K Q B R F
A N T T V O I T V J I D U X E B E L Y C A
D O F R U U T O E L X G H G O R T R X I H
D I N Y O A H H P T A U D R Q N L A H O C
M T T T K K K C E R U D G E P P I Z T A R
R A L N N R S N P L M N Q S N R D E X N J
E I E E N A V A P H L V M N E S M M M D N
Q R G V L S D S A A D O E B W C A S B O R
G A A E A K E I O I O O I P A N C G E N L
R V T Z M G L R T S R K U A F O Y K A J A
T N N E E E A N S S M D Q R V B A M R U R
L D I I R Y D A A E I I E I E L E U A A O
C Y T A I I T N L M N D R S N N S I M N T
F A K B I X A K V O R H S A U D F A A R S
T H A E R Q T D A O R X W E S L R A T N A
E B L A N I K H M T E S O Q E S Z R L Q P
```

43

Fabrics

ALPACA	FELT	ORGANZA
ANGORA	FLANNEL	ORLON
BAIZE	FLEECE	PEPLUM
BARATHEA	GAUZE	PLAID
BATISTE	GINGHAM	RAYON
BOUCLE	HESSIAN	SACKCLOTH
BUCKRAM	HORSEHAIR	SATEEN
BUCKSKIN	JERSEY	SEERSUCKER
CALICO	LACE	SHEEPSKIN
CAMEL HAIR	LAWN	SILK
CANDLEWICK	LEATHER	SUEDE
CHALLIS	LINEN	TAFFETA
CHENILLE	LISLE	TARTAN
CHINTZ	MERINO	TICKING
COTTON	MOHAIR	TULLE
CREPE	MOIRE	TWEED
DAMASK	MUSLIN	VOILE
DENIM	NEEDLECORD	WOOL
ERMINE	NYLON	WORSTED

```
U E V G E G C P E B P A E Y G N I K C I T
O Y Q J S O A A D I S B U Q T T O A Y E I
I Q Z S E I Z C E E O U L I N E N E V J B
T T G D A O L A U D S C E X E D S S E Q B
J A E M S C V L S N D K L O L R P B C V T
P R M O K L K I A T W S S E E H E A I Q A
T T T H H Z S C E H Y K W J E I P L T T E
Q A K A H E H O L L C I M A A E L C U O B
D N E I R H L B Z O C N A C K A U N G K R
H A E R B I C G U K T X T A D E M E L A D
P R R E H T A E L C H H X P D A K G R I D
L K W I D G I H O D K R W L E Z U A G S Q
A W H L H L J W L D S R E A N J T J U G T
I E G E W P E X X E X E A G I P G S D N A
D R R P S W T C R G M P M M M T O F E C E
N E E T A S D W O L D A M A S K E S T F H
E R R T L P I A E R B A C G H W L A S N T
Y C G Z N Y N A B E D E S W O O L V R R A
S X L L I Y A A N A D L T R E N I Z O M R
R O A F L E E C E Y I H K L I S N T W I A
Z T W O S O F I M F N Z O K J K E N L M B
E R N D U X L S D A R I E R V M H I B N A
T Z A J M N A E F W H Y K O S P C H O Z T
S B A Y H D N E B R E G I S Z E E C O P E
I M R X O A N R E L O L N X P O H L G L F
T O R L O N E S E C E R M I N E N A L O F
A I I K T G L U C C O G G R G U E I I U A
B R U F N O J C G R A T Q A S W S H R R T
K E E Z S R E K F T E L T O N L S L S E I
E L P B H A C E O I Y P Z O E Z N R W R M
T L N D E V O R O E N R E F N I A D V H J
```

44

GRAPE VARIETIES

ACOLON	GAMAY	PAMID
ASSYRTIKO	GARGANEGA	PICOLIT
AUBUN	GRIGNOLINO	PICPOUL
BARBERA	ISABELLA	PRIMITIVO
BOBAL	JAEN	REFOSCO
BUAL	KARDARKA	REGENT
CALLET	KERNER	ROUCHET
CARIGNAN	MAGLIOCCO	ROYALTY
CATAWBA	MALBEC	RUBIN
CINSAUT	MATARO	RUFETE
CONCORN	MAVRO	SEYVAL
CORTESE	MERLOT	SYRAH
DOMINA	MUSCAT	TERAN
DUNKELFELDER	NEBBIOLO	TOCAI FRIULANO
EHRENFELSER	NEGRETTE	ULL DE LLEBRE
FIANO	OPTIMA	UVA RARA
FRAPPATO	ORMEASCO	VERDEJO
FREISA	ORTEGA	VIURA
FURMINT	OTTAVIANELLO	ZWEIGELT

```
L D F I A N O T L E G I E W Z L H A R N S
Y S U F O L A T O O L R D N R S R T E C O
F O O F T E T S O W N R Y D A E D O O J N
O T O C A I F R I U L A N O B C B L E I K
N L R Z P U A V U B F A D R N O O D B E A
I M O D P T B C G E C R A E B I R U V R E
L N Y A A Z X U E R T B I A B E R N E X L
O R A M R O S I N Y P V L B V T B K R T U
N P L N F U R O T A R Q E E R T E E B I O
G E T U G L F U R M I N T M V Y F L E L I
I B Y I O I M F F Y M E U S D O E F L N L
R I A U M P R E V E I G H S S R I E L A A
G O M W P A C A M E T R Q C V R N L E A C
E R A D S O N I C D I E O O E A V D D S G
L C L A R O M S P R V T O V I N M E L S A
O I B T L L M A A V O T Q V D T P R L Y M
O N E O S A R B E R A E A Q A L V I U R A
J S C P V V S A B W A T A C E A O U D T Y
E A D R O Y R H E L T S S I A U R V S I E
H U O A G E T R O O T U I U T B M A X K L
R T M V G S T D K J M L G E C M E R L O T
E A I E O D I A W I D E X N R W A A L P B
N O N S A M R A C R S L X S O F S R S T E
F T A E A D G R J P K I M C O F C A W I F
E O R P A B B T A T E H C U O R O X Q L L
L F D R L B E L E V V O M R E N R E K O G
S E K B R J E L N J I X T Y D J C A S C D
E A O D E D O A L L A E W I E M A O Y I I
R W L L J H O O G A R G A N E G A Z R P O
M P Z U K L J A R A T J Y A O Y E P A N V
H G K K S G M K N R Z E R L A E L S H R I
```

45

SAILING

ABAFT	GANGWAY	RUDDER
ANCHOR	HALYARD	SAILS
BALLAST	HELM	SEAFARING
BELOW	HORIZON	SPINNAKER
BERTH	HULL	SPRAY
BINNACLE	JETTY	STERN
BOATS	JIBBING	SURF
BOOM	KEEL	TACKING
CABIN	LIFE JACKET	TARPAULIN
CARGO	MARINA	TIDES
COURSE	MAST	TILLER
CRUISING	MIZZEN	VESSEL
CURRENT	NAVIGATION	VOYAGE
DEPTH	PITCH	WASH
EBBING	PORTHOLE	WATER
FLAG	PROW	WHARF
FLOAT	QUAY	WRECK
FOREDECK	REEF	YACHT
GALLEY	ROLL	YARDARM

```
O H O R I Z O N G G R I L I W I V E U V A
L E T D R A Y L A H O T L E A S M R A J L
A S G P O N O S L K E E L E L O O H T N E
W O R P E Q W N R C A B I N O H T E T Q S
F R A H W D O C O E L D O B C X L M W D S
O A Y A C H T C L D T L V N E C L D I D E
I T S A L L A B L E M T A R P A U L I N V
E H S E R D B D K R G I A L X E H V T T R
O I N U D Y N C T O A R D D N L U S D A S
G S J S C I A O E F L A G O L N G P K N F
D C D J S J T W I L Z G A L L E Y I C T P
J T E Q E L S K G T C L N S V S R N E Q A
T D M F Z R I K R N A A L I U U W N R R A
K K I A T I W A U L A G N D S R V A W Q I
O L R T H E U G S W G G I N M I F K O S I
H W S H O F R N N H L N K V I D U E T Z J
M X K N L E I W L I E X I K A B G R A S I
Q R L O N E A B L Z B L Y B N N E F C T I
D U A V P S Q Z Z B N B M E B R E A K A G
S T A D O D T I X W O R I E S E E Q I O I
J Q P Y R T M C S J E R W J R R G A N B G
R R T S T A N D X Q U G E E V N U E G S U
R M E E H E Y R R L T T A D I R S O B D P
M A S T O A T Z A L N B R R D O X E C B A
E O P P L T K N V E E E A W M U D Y G F Z
Y G R B E G I O R R X F W A T E R R F M O
I C A A E R N R T L A A S I Y E A V H N N
L A Y Y A L U H S E B K L N O T T C R E Q
U R C M O C O H S A L L U M Y W T E S K S
U G B R S V B W F Y E P S J B I T E C H H
N O G L L F V T U R Y N N E P S E V J Q Z
```

46

JAPAN

AKIHITO	KANAGAWA	OSAKA
AKITA	KARATE	PACIFIC OCEAN
BONSAI	KAWASAKI	RISING SUN
BOOK OF HAN	KIMIGAYO	RYUKU ISLANDS
BUDDHISM	KIMONO	SAITAMA
BULLET TRAIN	KOBE	SAKE
CAPE NOMO	KUMAMOTO	SAMURAI
CAPE SOYA	KYOTO	SAPPORO
EMPEROR	KYUSHU	SEA OF JAPAN
FUJIYAMA	MIYAZAKI	SHIKOKU
GEISHA	MOUNT FUJI	SHIMANE
HAMAMATSU	MOUNT KOYA	SHINTO
HIROSHIMA	NAGANO	SHIZUOKA
HOKKAIDO	NAGASAKI	SHOGUN
HONSHU	NAGOYA	SUSHI
IBARAKI	NIGATA	TOKYO
JUDO	OKAZU	TOTTORI
KAGOSHIMA	OKINAWA	TSUGARU STRAIT
KAMAKURA	ORIGAMI	YOKOHAMA

```
B U D D H I S M E S D L M U O P Y F I M O
M Z U N G O T O M A M U K M C A B L K I R
K R I J U F T N U O M S Z N S C U Q A Y O
I E Z W W N Y H Z O Y A G I M I K O R A P
V R I S I N G S U N N I O R S F T N A Z P
E N O H Q P R E M P E R O R V I S A B A A
L E S T O Y T S B T D U G N H C H H I K S
N D E Q T K T X E G L A D I S O I F I I M
G S S A Y O K T N U O M K T E C M O A M B
S D K S A I T A M A S A K D A E A K A E A
V D A E K A S U I A G B M E O A N O Y O M
I I N S T A X G M D O D O P F N E O Q T A
B A A A S O G I O V O V A S J Z T B D Y Y
W S G Q L S H O G U N M H O A L K L O N I
L N A L J S Y D S D A U A M P K M S H K J
A O W E O J I C N H R E M O A T A O Q A U
R B A R W D J U O D I L A N N P R N T H F
U Z I Q E C E K K G T M M E O U E I S A I
K H Q K T I O T E U E S A P N N K N S H T
A B T H A Y I S A O Y B T A I A O X D U E
M S Z N Z S S S B R G R S C A H N M M K O
A W O K I N A W A E A K U B R E A R I O E
K I T H A Y O G A N Y K I W T J G B O K C
S A E O E U F S A O T A K D T R A A Y I A
O R I G A M I O T N I G A U E P N U K H P
F U R A B G D O R I J O S Q L L H L O S E
Q M A S H I Z U O K A K A S L S J E T H S
R A T D G S U G X O I A W B U S U S H I O
Y S A T A G I N D S A Z A Y B G D N E W Y
T D C Y T O V E C I N U K E J P O L X W A
A N E N I T S U G A R U S T R A I T R H T
```

47

"C" Words

CABINET	CHARACTER	COPYRIGHT
CACHE	CHEESE	COSTLY
CACOPHONY	CHERRY	CRATERS
CAESAR	CHIME	CRAZINESS
CAGEY	CHORE	CRESTFALLEN
CAJOLE	CHOSEN	CRIMSON
CAKES	CHUTE	CRIPPLED
CAPTAIN	CIRCUITRY	CROCUS
CARBUNCLE	CIVILIAN	CROUTON
CARDIGAN	CLANDESTINE	CROWBAR
CAULK	CLASSIC	CRUELTY
CAVEAT	CLOCK	CRUSHED
CEDILLA	CLOVER	CRUSTY
CELLIST	COASTAL	CUCKOO
CEMENTED	COBRA	CUCUMBER
CEREBRAL	COLANDER	CULPABLE
CEREMONY	CONTEMPLATE	CULTURE
CERTAIN	COPENHAGEN	CUTICLE
CHAPTER	COPPER	CYANIDE

```
C C C G Y C Y A N I D E Q C S O O K C U C
C O L A N D E R L U C F S E Z C Y C R K E
Z P A D I M G D E R I E K L L X R C Z M O
G Y S S E Y A B I P K A D S E B A U I D E
C R A S T Y C E Y L C S C N L V A H S D X
C I G V R A L A N N L P R E E D C P G T B
H G B C P B L I R L O A V A N C A S L C Y
O H F T A C N I C D R M T A I A H D R U V
S T A V L O D S L R I G E K T M D U Y K C
E I L A S P C O B R A G T R S C D Y T Z L
N U C M C E R U C P G W A E E C C L L E C
C S I S A N E Y L V B V P N D C G T E O C
U R C D J H T H D T H S Y G N D P S U I H
C E M S O A P B E C U N M C A R S O R B A
U H C T L G A K L E O R R B L C S C C N R
M N E I E E H A P H C J E R C N E A F V A
B C C R H N C X P B C A A F R E N B F O C
E Y H E R C O O I M E S H O E L I I T R T
R R E Q R Y C B R N E R S L S C Z N U F E
I T E T R A M B C A S R O M E I A E B H R
C I S L C C E C C F C C I H A T R T D C R
R U E Q B U A N A I L I V I C U C L O D C
O C U C C O O U D E T N E M E C C N E E Y
C R E S T F A L L E N I C P O R T T L H J
U I D R R T R Q C K C O L C O E C L C S R
S C W F T A R R R E H H V U M C I L N U B
C E O W B A A N A H T Y T P O S O C U R N
R F B W B T I K H C U O L P T V N S B C B
X D O L E G M N E A N A P C E R E B R A L
D R L R M S C B R C T E U R D B I R A C N
C I S S A L C S E E R L C Q X Z K K C C I
```

48

ARTISTS

BACON	ERNST	NASH
BANKSY	ETTY	NICHOLSON
BARYE	FRIEDRICH	NOLAN
BERRUGUETE	GAINSBOROUGH	NOLDE
BOLOGNA	GOYA	PASMORE
BOSCH	GRIS	PICASSO
BOYD	HACKERT	RENOIR
BRAQUE	KLEE	RIVERA
CELLINI	LICHTENSTEIN	RODIN
CHARDIN	LIEVENS	ROSSETTI
COLE	LOWRY	RUBENS
COROT	MANZU	RUISDAEL
COTMAN	MAPPLETHORPE	SPENSER
DALI	MELENDEZ	STUBBS
DAVIES	MICHELANGELO	SULLY
DEGAS	MODIGLIANI	TENIERS
DELACROIX	MONDRIAN	VELASQUEZ
DURER	MONET	VERMEER
EL GRECO	MORSE	VERONESE

```
R U I S D A E L N Z U L Y E S E N O R E V
A M G J R C U O D A E L G T K O B E X L N
D O O E N G S Y I Y U J J L N W N B A I S
I D V M K L Q W Z O Q B E V N O T K D H O
N I J B O W U H H G A V M H I A L O C S L
R G J H M Q Y T N S R S D R F D R A J N E
O L C E A N G O L O B X N C G Y Z N N B G
I I A S P E N S E R D I Z E V T X W E R N
N A Z K C D J D N R N E V C V T X X I T A
I N W N T S O I P G H T L S P E N S W Q L
L I A N E D D O T I H L R A K N I A R Z E
L O Q I H R R C C C E G E C T O L S H H
E I V I A I L J P E I A G A C R S K P H C
C A C H T R M E C N R U S S O S O N Z J I
D M C H D B L H E G D G C S R N S I R B M
E E S Y T H Y T M J E V L U O E C V X E D
Y L U R C E C Q X Y I A S E T B U Y L R U
R I Y G A I N S B O R O U G H U O G V R R
A S J G T G Y S O K F M O N D R I A N U E
B D S E T L S A T B V L O T Q S J C Q G R
V E V E L A S Q U E Z I O R D C V F V U D
E Z N U Y J J Y A E I S W E F J R C G E U
R O S S E T T I A Q K N O K P R U Q G T Z
M A P P L E T H O R P E N C S A G A D E E
E M Y H N J C O K U C P W A O U S V Y C D
E M R S T U B B S V U A K H M F Z D L W N
R K W T D O A B E D G S L A N T Q N I B E
V A O J Y R N E S R O M E L O C O O A V L
N O L D E B K D A L I O E O P B R C I M E
J S C E M G S J G V T R Q T Q A O O W M M
E E V Q O D Y P Y R K E S S X N K K W U R
```

49

Northern Ireland

ANTRIM

ARDGLASS

ARDRESS

ARMAGH

BALLYMENA

BANGOR

BELFAST

BUSHMILLS

CAPPAGH

CARRYDUFF

CLAUDY

CLOUGH

COALISLAND

COLERAINE

COMBER

COOKSTOWN

CRAIGAVON

CRANAGH

CRUMLIN

CURRAN

DAVAGH FOREST

DOWN

DROMARA

DRONGAWN LOUGH

DUNDONALD

DUNDROD

DUNGANNON

DUNLOY

EGLINTON

EGLISH

FERMANAGH

FINTONA

GARVAGH

GLENLARK FOREST

HOLYWOOD

KEADY

KILKEEL

KILREA

LARNE

LISBURN

LOUGH BEG

LOUGH ERNE

LOUGH NEAGH

MILLISLE

MONEYMORE

MOUNT STEWART

MOURNE

NEWRY

OMAGH

POMEROY

PORTSTEWART

RATHLIN ISLAND

RICHILL

SHRIGLEY

STRANGFORD
   LOUGH

TARDREE FOREST

TYRONE

```
B W R B A M O N E Y M O R E H C U R R A N
M U G A P F O N R K L S G G I N L V M Z G
T N V V T E I E Y C L L A Q T I N O L Q I
M I R T N A B C E L I E N E V Y Z E U J A
L U C R R M R B I N N W S L L Z T R W G U
L G U E O A W M T H O N G S Z L L D K R H
N O L C N Y H O G D V D I I H I V A H H Y
M O U A A S N U A A E D D L H S E G G K N
C O G G U R O N W L T O Q L M B N P U R W
Y H U B H L R B S D A R R I O U O P O A O
O V C N U E E Y B D H D K M Z R R M L T T
C E S G T Z R H D W E N R B T N Y C N H S
C R W H U S I N M U V U S W H S T T W L K
C L A U D Y T I E Z F D H G S F Z F A I O
L H C I G Q I E X C H F U E W B U E G N O
T A P G G J X Y W L P O R T J A R G N I C
R D R O M A R A D A L D S L V L C L O S C
A A P N Y B V O N D R E Z E I L X I R L T
W R O X E I O O R A R T D K R Y O S D A S
E C M F C W R O N O S N K L J M A H X N E
T U E A Y U F C F E M H T Y A E X N T D R
S S R L G G I K R D S A R B A N G O R J O
T U O J N H R O R C U S G I E A O J N B F
R H Y A Y A F I N T O N A H G L Y D Y J E
O U R R L H S E C W K N G L C L F C N D E
P T W N G R P I L H X I H A G A E A V U R
S K E A D Y C O A L I S L A N D P Y S V D
A L V G E B H G U O L L E K J N R P O T R
G A R V A G H G R Y B Y L Y E W O A A Q A
D U N L O Y F E R M A N A G H E Z N R G T
F M W Y E L L N P W M S C F L B L X C U H
```

50

Famous New Zealanders

AITKEN	GILLIES	MEADS
ALDA	GOLDIE	MORTON
ALLEY	GREY	NATHAN
ATACK	HADLEE	NGATA
BARRATT-BOYES	HAMILTON	PARK
BATTEN	HAYWARD	PEARSE
BAXTER	HEAPHY	PICKERING
BOWEN	HILLARY	RUTHERFORD
BRITTEN	HOBSON	SAVAGE
BUCK	HODGKINS	SINCLAIR
COOPER	HONE HEKE	SNELL
CROWE	HUDSON	TE RAUPARAHA
DICKIE	JACKSON	TINSLEY
DOUGLAS	LOVELOCK	UPHAM
FLETCHER	LYDIARD	WAKE
FRAME	MANSFIELD	WATTIE
FRASER	MCCAHON	WILKINS
FREYBERG	MCINDOE	WILLIAMS
GALLAGHER	MCLAREN	WILSON

```
E E Q P R Z L I E N V V S D B B D N S D F
E E Y V R E G A H B R L C X A R Y L P I D
N A T H A N H R N Y R E R V A W G R S M U
L E R S K R E G E R W M P I T R E E A C C
S F R C E C A R A B R N D O U S I T S L N
I H U C P T G Z U L Y Y K W O L A Y H A W
N B H T A T K V E T L E V H L C E F U R J
C J E T Z H X K H E H A R I K L E M D E U
L I O I E T A O K G R E G F S D O T S N W
A E S A R W D E R F R K R N X Z I V O A A
I I P I F G H O R X V M I F J C O C N A T
R H Z G K E B A R R A T T B O Y E S K I T
Y N B I N P S W O H A R I P H R B M L I I
U J N O Y E B W P T R G A H A A D O H O E
U S H E R A B U W E R I B K D L N R W I A
T Y L P B R H H T T T R A N L L E T F E Q
K L A E I S N X H K E S N I E I D O J M N
A R E T C E A D E H P I R W E H N N T C R
K R T M R B D N C D O U G L A S L X S I Q
W E N A F Q T T D H G N O S B O H F N N W
N S O N E Y E O R E G R X E V S Z N I D E
L W S S L L R N A U N A M L L E N S K O U
K S K F F H A N W L I A E I I I B A L E J
I H C I E Q U P Y I R M G B E A N N I A W
B W A E E L P Y A F E D A K L I Z O W I U
A N J L Q N A E H A K D V D D O D T L W L
T D E D O D R S D D C I A L O V E L O C K
T U W S A C A S N C I R S Q N L I I O R Q
E T L V E W H V I N P Z O E E A Q M E G O
N I I J E F A H A S R O E W M C C A H O N
W U Z C C D N U O U O Q E S E S G H T L G
```

51

MOON CRATERS

ADAMS	FAHRENHEIT	MAXWELL
ALEXANDER	FLEMING	MORSE
AMMONIUS	FOUCAULT	NANSEN
APOLLO	GAUSS	NOBEL
BAILLY	GEIGER	ORLOV
BELLINGSHAUSEN	HERCULES	OSIRIS
BOHR	HERSCHEL	PLANCK
BYRD	HERTZSPRUNG	PLATO
CALIPPUS	HUBBLE	ROZHDESTVENSKY
CARVER	ISIS	SCHEELE
CELSIUS	JENNER	SCHIAPARELLI
CURIE	KEPLER	SENECA
DANTE	KOMAROV	VASCO DA GAMA
DEWAR	KOROLEV	VEGA
DOPPLER	LEBEDEV	VESALIUS
DRYGALSKI	LEONOV	VOLKOV
DYSON	LOVELL	WALTHER
ENDYMION	LOWELL	WATT
EULER	MACH	WILLIAMS

```
I V N Q X M H J I A R A L E X A N D E R E L
L V O E N D Y M I O N A N S E N F J R V A
C O E L S A A S S E L U C R E H P E N O S
M Y V D R U D H W E N S A L A J L M A C H
H E R E E O A I K Z U G M A T P A Q X N S
A X E A L B O H A I E Z L P P X N D K D B
R G Y X G L E G S E E G Y O O M C Q S T T
R T A F I K S L A G Y R D L F G K U D R K
G A A A E I E T G X N E E L G F P A S H A
B L C R S C N L I B L I N O N P A D A E L
N D U E T E E L I E E V L N I U M A T R E
E E R Y N H M R E T H E T L M A G E T T E
L S I K C E O N J E S N A L E D L O N Z Y
B R E S S E S K I L D C E O L B Q A H S N
B D R N A M I E D N B O D R F O D B U P N
U E V E Q S R P W R O Y I Y H F S I Q R R
H J W V W O I L A V K R R M S A N R E U F
E A O T Q A S E M O E H S D Z O F N I N E
S V Z S Y W T R A R P L O A M N N L S G M
R C S E U R R T G A I E L M R Y H R W C G
O F N D R W A E A M K B A E V O L K O V T
M H F H I E I S D O V O N O E L O W E L L
N R E Z P G U N O K S N R T I C Z I E E U
E T E O E I B R C I E R L O L Q A L F J S
C G D R L A E R S J R E H T L A W L O S T
Q O Z A I L G I A K R T C D A E E I U L M
V X S L U E N O V W R E L F S B V A C V W
U E L E E H C S T F E Z V M L O G M A R Q
V Y G R L L E W X A M D A R F H A S U R T
E T R A O O U I T L L D R T A R U I L J E
F R E J O I L L E R A P A I H C S R T A M
```

52

Saints

ALBERT	CHRISTINA	HYACINTHE
ALOYSIUS	CHRISTOPHER	IGNATIUS
AMBROSE	CLARA	JEROME
ANDREA	CLEMENT	JOSEPH
ANDREW	DAMIANUS	LUDGER
ANSCHAR	DAVID	MATTHEW
ANSELM	DEMETRIUS	MAURUS
ANTHONY	DOMINIC	MONICA
APOLLINARIS	DOROTHY	NAZARIUS
ASAPH	ELIZABETH	NICHOLAS
ATHANASIUS	ETHELBURGA	SEBASTIAN
AUGUSTUS	FERGUS	SYLVESTER
AUSTELL	FREDERICK	THOMAS
BARBE	GALLUS	URSANNE
BENEDICT	GAUDENTIUS	VALENTINE
BERNARD	GEORGE	VINCENT
BONAVENTURE	HELIER	VITUS
BRIDGET	HILARY	WILLIAM
CECILIA	HUBERT	XAVIER

```
C I N I M O D H F H Q T B G M T F T R L H
Q P T T F R W B P Y A O D R C A M R E H S
Y B T Y I E H A Y E N F J I C W L R G G D
H B N R G R S J R A D R D A S U E C D R B
T B E R N A R D V I R E Y A X H S A U M S
O S C J X P N E V E N D T J M N N H L U A
R U N B I A N A H E B E D H M I A E T A Y
O I I H Z T D P B M Z R S G E W A I S E L
D R V I U D O B W S O I C A S L V N S N A
K A W R V T C E U F Y C U T U X B O U N N
U Z E O S L H I W Y J K I H I M R U Q S S
N A L I E T T G R Q L U S A H B F T R U C
G N R M T N J N X O D R H N M B J E Z G H
H H E A E L M A T R E B L A P E K G X R A
C N M D E M E T R I U S R S R S N D K E R
T B U T M Y V I R L U M E I I A R I J F E
Z A V F S W M U F L S E E U D L C R B B W
G A R H U S R S L I F R H S N O F B R F D
C E R A T J Y A W O E S O T F H R A Y M S
L E O R S R G L H I U H U R N C B K W T W
A H Z R U I R R V R T A E E A I L I C E C
H P I O G Y B A U E Z H M L L N C Q P T M
R C O L U E X A S P S S O L I O T A C E A
A L A L A R M N H K U T R B N E N O Y J I
S A C S L R S M C I J H E Y N L R Q F H L
A R I O A I Y A S S H O J R A U S T E L L
M A N T H O N Y N U X I S S W E R D N A I
O F O I Z Z O A B N V A L E N T I N E F W
H L M V E L X E R E E U R B P W K T Q M E
T N O S A I R E L I Z A B E T H S G F D D
U Q N A I T S A B E S L A N I T S I R H C
```

53

US States and State Capitals

ALABAMA	HONOLULU	NORTH CAROLINA
ALASKA	IDAHO	NORTH DAKOTA
ALBANY	ILLINOIS	OHIO
ARIZONA	INDIANA	PHOENIX
ATLANTA	IOWA	PIERRE
AUGUSTA	JUNEAU	RALEIGH
AUSTIN	KANSAS	SACRAMENTO
BISMARCK	KENTUCKY	SALEM
BOISE	LANSING	SALT LAKE CITY
COLORADO	LOUISIANA	SANTA FE
COLUMBUS	MAINE	TENNESSEE
CONCORD	MARYLAND	TEXAS
DENVER	MASSACHUSETTS	TOPEKA
DES MOINES	MICHIGAN	TRENTON
DOVER	NASHVILLE	UTAH
FLORIDA	NEBRASKA	VERMONT
GEORGIA	NEVADA	VIRGINIA
HAWAII	NEW MEXICO	WASHINGTON
HELENA	NEW YORK	WEST VIRGINIA

```
E H Y T I C E K A L T L A S R D H H E Y A
W S T E X A S C O L O R A D O E A L U K T
A A O X U S A C R A M E N T O W L B E C S
S I A S L J A N A T L A N T A I I P J U U
H N T N R N C L O O S W L I V D O U H T G
I I R E A N A W B K S R I H A T N L S N U
N G M V L I S G S A D T S H M E L A S E A
G R T A E H D A I D N A O D A U N L I K P
T I E D I T A N N H N Y N U S L I R K S N
O V E A G E K P I T C B E V S U A Q J F D
N J I S H S N H R A I W V A L A S K A E
H A T U T N A U Y O L F M I C O E M W T S
S F D O V E R N G N E W E G H N B O S G M
R E W U I S B O E A A N X W U O I C O N O
A I T S S E R E T V R I E S H S I V I I
I N K D I E N T O N T F C X E M M S H S N
I A F R F E L H G W G N O T T T A O H N E
N N E E J K O C H E L E N A T B R I W A S
H O X D L N D A R L T Z D W S E C Y N L B
P Z T Z V V E R M O N T U A G A K K D E A
N I Z N J T N O P U D E I L P U Z J M D A
R R L T E H I L Y R D N S A S N A K N S E
C A X O D R E I M Q I S V S U T N E N I M
E R Y O U R T N A G E O R G I A W F D O M
N L U I R I H A R D H E E N C Y U L O N N
E Q D E N D S I Y O N R E Z O R W O Q I X
O S I E E T V I L W W D O R I L E R G L H
F P I O N T S Q A T R T K E D O K I A L S
E N A O S V E M N N D R O C N O C D A I L
H Y A E B N E F D F A M A B A L A A M W B
M A W L A B A R N I S R C O L U M B U S I
```

54

"HA", "HA", "HA"

HABANERA	HAM-FISTED	HARMLESS
HABERDASHER	HAMLET	HARMONY
HABITUAL	HAMMOCK	HARPSICHORD
HACKING	HAMPER	HARPY
HACKLES	HAMPSHIRE	HARRIER
HACKNEY	HAMSTER	HARROWING
HACKSAW	HAMSTRING	HARSH
HADRON	HANDICAP	HARVARD
HAGFISH	HANDKERCHIEF	HARVEY
HAGGLE	HANDLEBAR	HASTY
HAIRCUT	HANG-GLIDER	HAULAGE
HAIRDRESSER	HANGING	HAULM
HAIRLINE	HANKER	HAUNCH
HAITIAN	HAPHAZARD	HAUTE CUISINE
HALLAL	HAPPINESS	HAVANA
HALLOWEEN	HARANGUE	HAVOC
HALLUCINATE	HARASSED	HAYSTACK
HALOGEN	HARD-WEARING	HAZARD
HAMBONE	HARMING	HAZEL

```
H A R E R E H A N G G L I D E R L A H I E
A L E H R U A H T P A S O Y A H S R E T M
I H P D A G R A D U I E E H A G V E A S B
U A M S G N I R T S M A H L H A U N C H H
H L A S T A X I H O E G A H K T I A Y A Q
A L H E E R B A M A N S L H A C I B E A P
N O Z L A A I H D I G C L C U Z A A N E H
G W T M H H A D R O N G A L J T E H K A E
I E B R A S J A J P I Y L O H D V L C H R
N E U A D Y E V R A H A H E A E R T A H H
G N E H R W Z D S G H A F T M S O E H A V
K E Q E D T O M E X N T K N S S E P Q R N
C G J R H A S D E K A I S P T A N D M P H
O H A R R I E R E G Q S M U E R I R J S A
M H A N O D F R F H A D J R R A S A T I M
M A K R C R E S S E R D R I A H I V E C B
A T X H R O G A H P S H A B S H U R L H O
H G E H A O I H N A Y O H Y Y Z C A M O N
Y D Q H A N W N A D V G A A D R E H A R E
X P D A R P D I R E D O K R U Q T C H D D
S V R V U V P K N A K E C E C L U H T N R
E V A A W P P I E G B A T H I K A G P E A
R T Z N H Z L H N R U E S S C S H G H G Z
I H A A E R L S C E C K L A I T R A E O A
H A H H I D W R H H S H T D C F S E R L H
S R R A A T G A A L A S I R N T M B H A P
P M H H W C I H H D Y R E E Y A O A C H A
M O H R A R K S W A K G Z B F M H K H T H
A N A S C U R S H X Z K N A I T I A H C R
H Y T U P I L T A G T L A H A N D I C A P
H A T U H A K M G W W O H A G F I S H A S
```

COUNTRIES OF THE WORLD

ANGOLA	IRAQ	NORWAY
ARMENIA	IRELAND	OMAN
BANGLADESH	ISRAEL	PARAGUAY
BELARUS	ITALY	PERU
BOLIVIA	JAPAN	POLAND
BRAZIL	JORDAN	QATAR
BULGARIA	KENYA	RUSSIA
BURUNDI	KUWAIT	RWANDA
CANADA	LAOS	SENEGAL
CHILE	LEBANON	SURINAME
EGYPT	LIBYA	SWEDEN
ESTONIA	MACEDONIA	SYRIA
GABON	MALI	UGANDA
GREECE	MEXICO	UKRAINE
GUAM	MONTENEGRO	URUGUAY
GUYANA	MOROCCO	USA
HAITI	NAURU	VIETNAM
ICELAND	NETHERLANDS	WALES
IRAN	NIGERIA	ZIMBABWE

```
O Y M A L R O O A E R T N O N K N A Z E J
W Y P I X H B N P R J F U R L C S N W L E
E A N N T Q N K J A I P S G H S N G R A L
N U U O A E K O I S A H X I A A C O I O H
E G D T E S Z V B V W M L P A N N L J E B
T U A S H E I B T A J E E O S D D A I R H
H R Q E C L R I O Z G J D E F S E A Y I R
E U I U O A A S P S E Q U E L F D M Y U K
R X S B Z W I B Y U K R A I N E A A A Q G
L A P I U D E A I R E G I N C Y D C U B S
A J L K R L I T L I I Q L J N G O E G R X
N G L G A E S E C N N A E E Q G G D A U T
D N N R Q I L E I A O T K N O C C O R O M
S T U A Q I R A N M K M D W E Y N A B G
S S L D L E S B N E A L V I S I L I P M O
O R L A C R E J C D B L C I H A A A A I C
A A L N O P N E I U E E I C Q A T X S A I
L V V A J R E Z E T L T E H H Y I R R O X
A B H C N R G M O A R E M A P C A A G D E
E J E A G R A E N G V B A Q O E S H L O M
N X U R I L L D N V I U L A L C R R D K U
X R R P B T N T X E E R O W H R A U H R E
U L W G L J I P D D T U O S I N N S D H V
S T A A P X O Y N E N N X D A F E S E E T
T T N I A D N G B A A D O I P D L I B Y A
O S D N N R I E B T M I R M A Y J A R T N
N Z A E A H Y N P G X A E L Y A O D V A H
X A R M D E A Q N I G M G N C W C T I L Q
T R P R R M W Y K L A N H U T R I G U A M
E Q S A O G T W U E A D T J Y O M A P E G
F J O M J E W B A B M I Z L D N A L O P T
```

Solutions

1

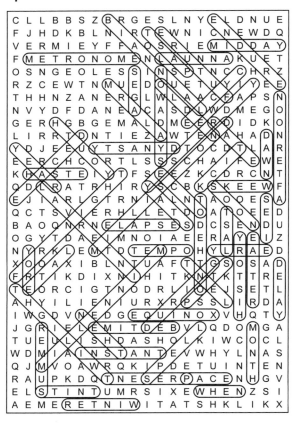

2

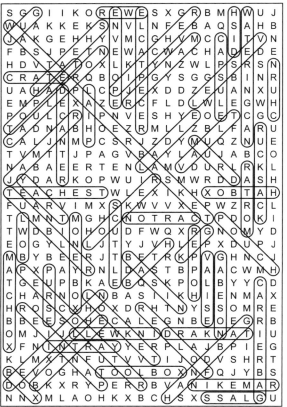

3

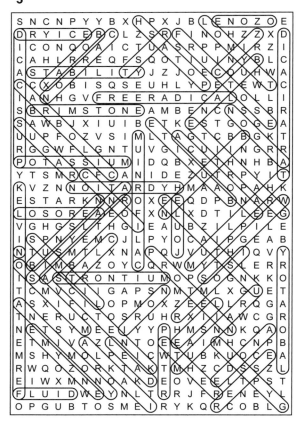

4

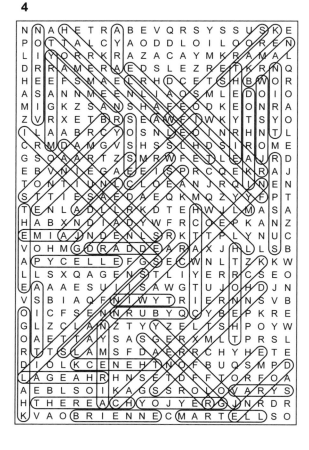

Solutions

5

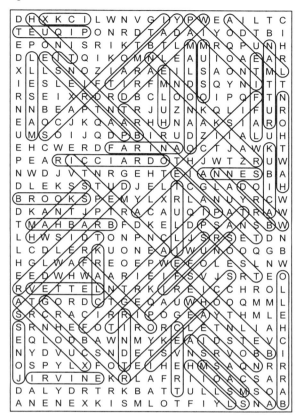

6

7

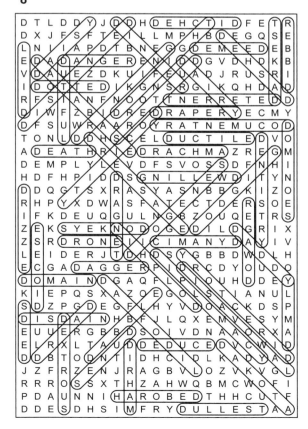

8

Solutions

9

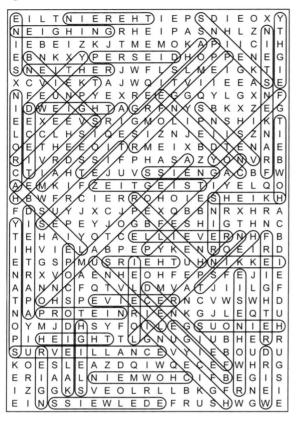

10

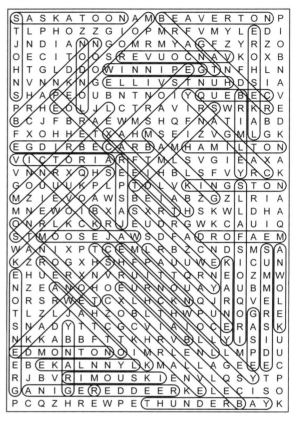

11

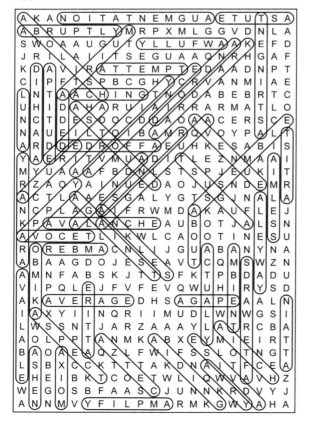

12

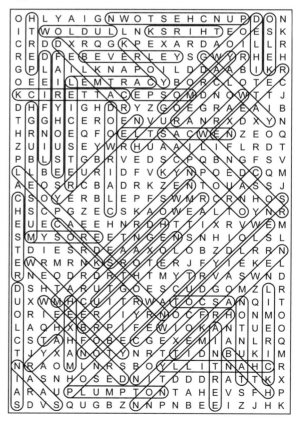

Solutions

13

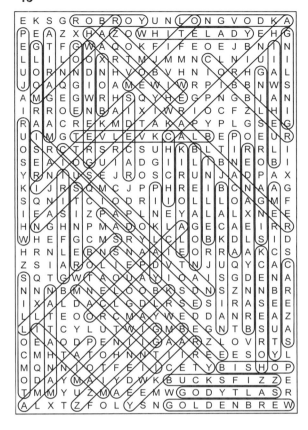

14

(word search grid puzzle)

15

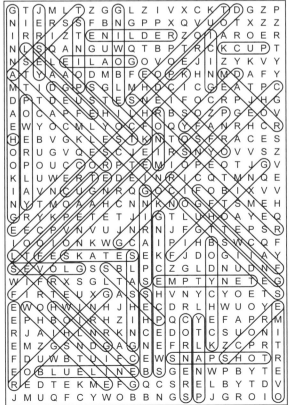

16

(word search grid puzzle)

Solutions

17

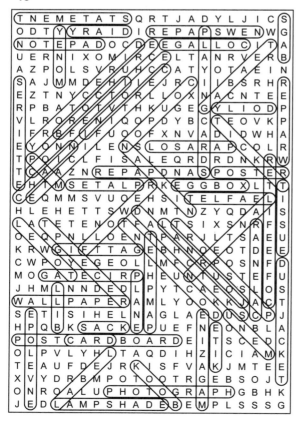

18

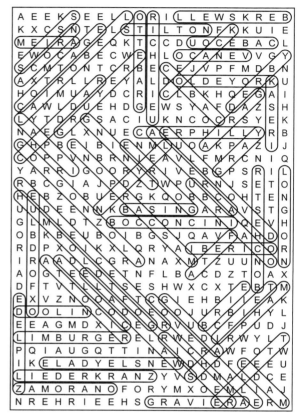

19

20

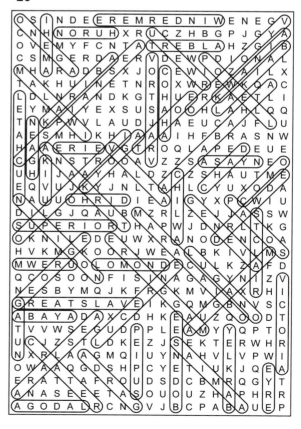

Solutions

21

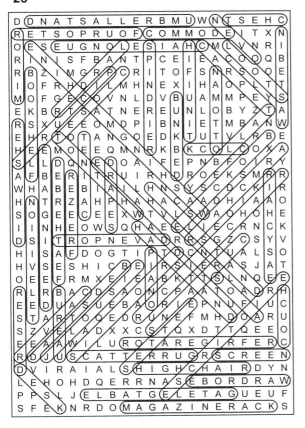

22

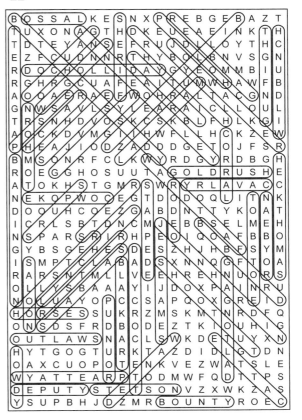

23

24

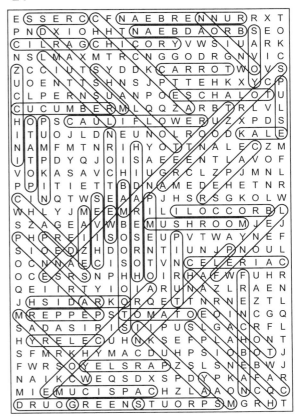

Solutions

25

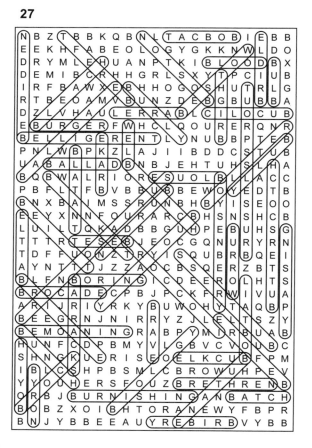

26

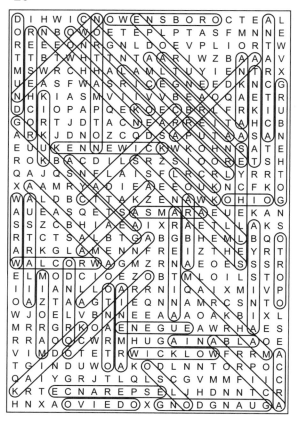

27

28

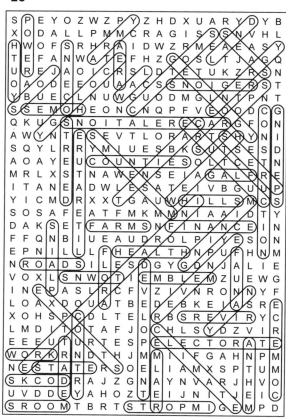

Solutions

29

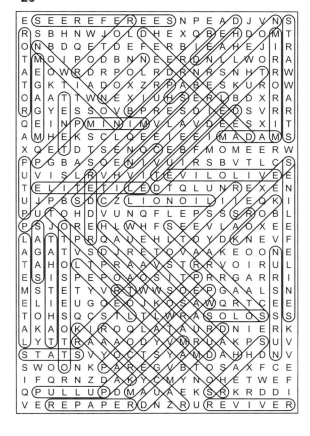

30

31

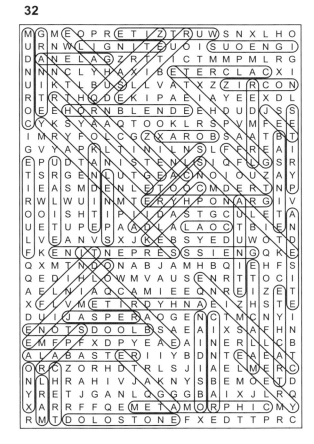

32

Solutions

33

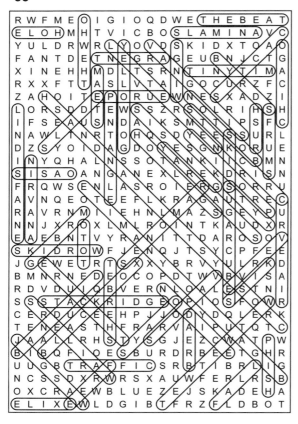

34

35

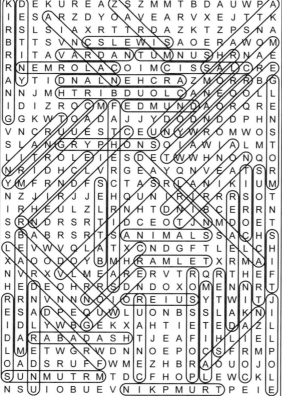

36

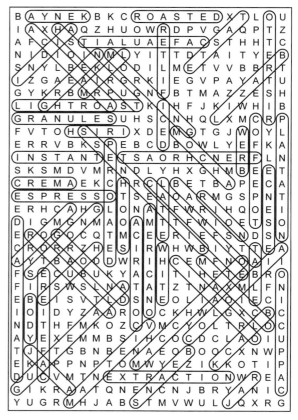

Solutions

37

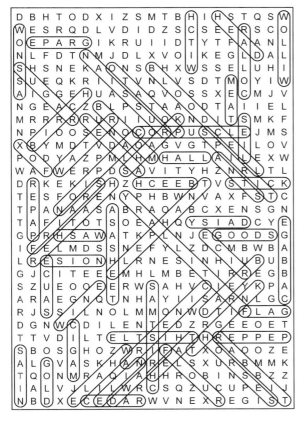

38

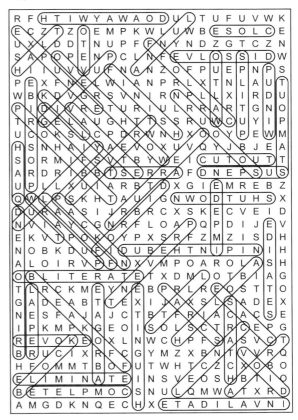

39

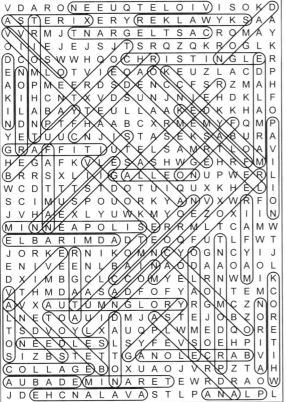

40

123

Solutions

41

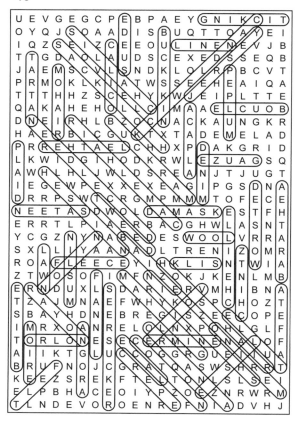

42

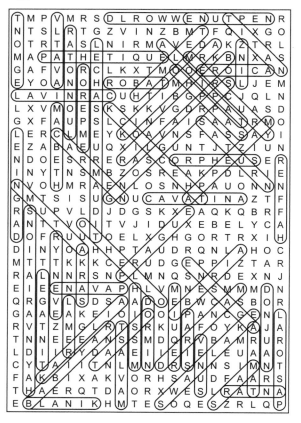

43

44

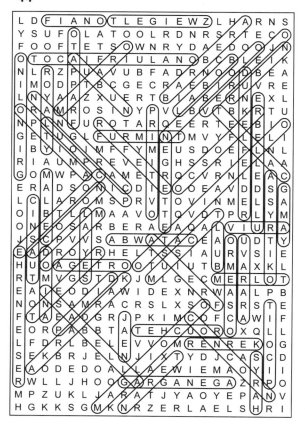

Solutions

45

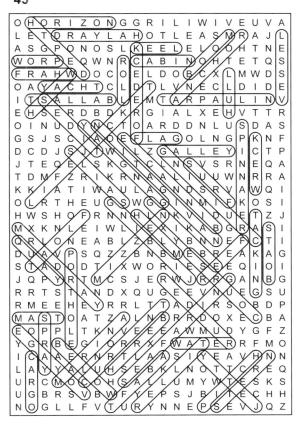

46

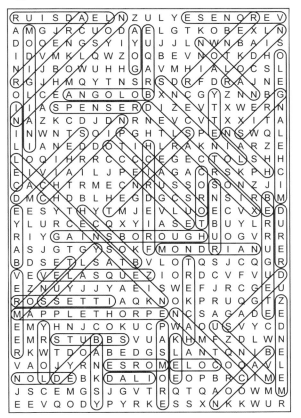

47

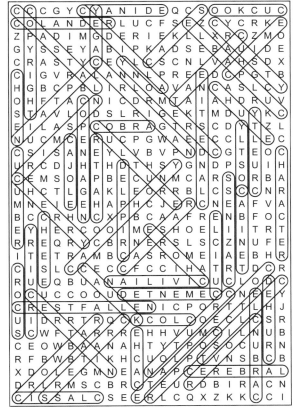

48

Solutions

49

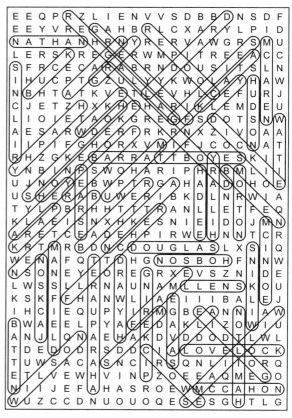

50

51

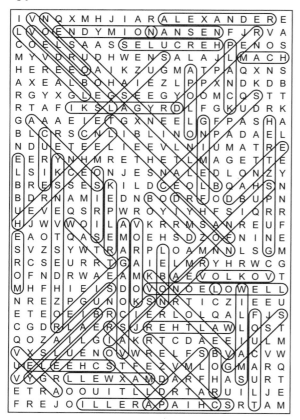

52

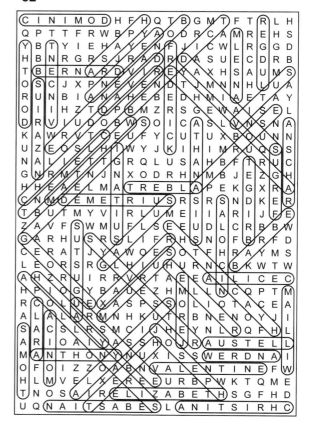

Solutions

53

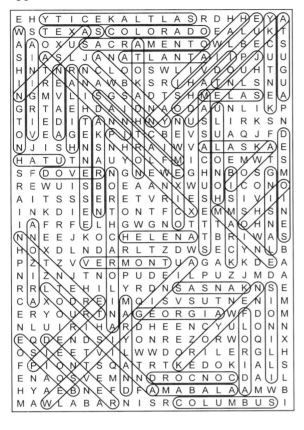

54

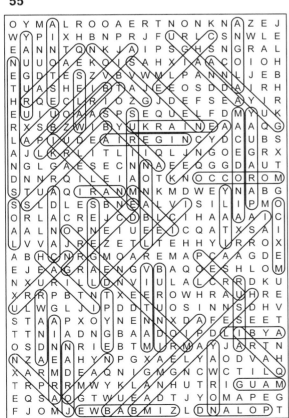

55